TRANZLATY

Sprache ist für alle da

言語はすべての人のためのもの

Das Kommunistische Manifest

共産党宣言

Karl Marx
&
Friedrich Engels

Deutsch / 日本語

Einleitung
紹介

Ein Gespenst geht um in Europa – das Gespenst des Kommunismus

ヨーロッパには共産主義の亡霊が取り憑いている

Alle Mächte des alten Europa sind eine heilige Allianz eingegangen, um dieses Gespenst auszutreiben

古いヨーロッパのすべての列強は、この亡霊を祓うために神聖な同盟を結びました

Papst und Zaren, Metternich und Guizot, französische Radikale und deutsche Polizeispione

教皇と皇帝、メッテルニヒとギゾー、フランスの急進派とドイツの警察スパイ

Wo ist die Oppositionspartei, die von ihren Gegnern an der Macht nicht als kommunistisch verschrien wurde?

野党の政党で、権力の座にある敵対者から共産主義的だと非難されていない政党がどこにあるのか。

Wo ist die Opposition, die nicht den Brandvorwurf des Kommunismus gegen die fortgeschritteneren Oppositionsparteien zurückgeschleudert hat?

共産主義の烙印を押された非難を、より進歩した野党に対して投げ返さなかった野党はどこにいるのか。

Und wo ist die Partei, die den Vorwurf nicht gegen ihre reaktionären Gegner erhoben hat?

そして、反動的な敵対者を非難しない党はどこにいるのか。

Aus dieser Tatsache ergeben sich zweierlei

この事実から2つのことが起こります

I. Der Kommunismus wird bereits von allen europäischen Mächten als eine Macht anerkannt

I. 共産主義は、すでにすべてのヨーロッパ列強によって、それ自体が大国であると認められている

II. Es ist höchste Zeit, dass die Kommunisten ihre Ansichten, Ziele und Tendenzen offen vor der ganzen Welt offenlegen

II. 共産主義者は、全世界を前にして、自らの見解、目的、傾向を公然と公表すべき時である

sie müssen diesem Kindermärchen vom Gespenst des Kommunismus mit einem Manifest der Partei selbst begegnen

彼らは、共産主義の亡霊というこの童話に、党そのもののマニフェストで立ち向かわなければならない

Zu diesem Zweck haben sich Kommunisten verschiedener Nationalitäten in London versammelt und folgendes Manifest entworfen

この目的のために、さまざまな国籍の共産主義者がロンドンに集まり、次の宣言をスケッチしました

Dieses Manifest wird in deutscher, englischer, französischer, italienischer, flämischer und dänischer Sprache veröffentlicht

このマニフェストは、英語、フランス語、ドイツ語、イタリア語、フラマン語、デンマーク語で発行されます

Und jetzt soll es in allen Sprachen veröffentlicht werden, die Tranzlaty anbietet

そして今、それはTranzlatyが提供するすべての言語で出版される予定です

Bourgeois und Proletarier
ブルジョアとプロレタリア

Die Geschichte aller bisherigen Gesellschaften ist die Geschichte der Klassenkämpfe

これまで存在したすべての社会の歴史は、階級闘争の歴史である

Freier und Sklave, Patrizier und Plebejer, Herr und Leibeigener, Zunftmeister und Geselle

自由人と奴隷、貴族と平民、領主と農奴、ギルドマスターとジャーニーマン

mit einem Wort, Unterdrücker und Unterdrückte

一言で言えば、抑圧者と被抑圧者です

Diese sozialen Klassen standen in ständiger Opposition zueinander

これらの社会階級は、互いに絶えず対立していた

Sie führten einen ununterbrochenen Kampf. Jetzt versteckt, jetzt offen

彼らは途切れることなく戦い続けた。非表示になり、開くようになりました

Ein Kampf, der entweder in einer revolutionären Rekonstitution der Gesellschaft als Ganzes endete

この戦いは、社会全体の革命的な再構成に終わった

oder ein Kampf, der im gemeinsamen Ruin der streitenden Klassen endete

あるいは、対立する階級の共通の破滅に終わった戦い

Blicken wir zurück auf die früheren Epochen der Geschichte

歴史の初期の時代を振り返ってみましょう

Wir finden fast überall eine komplizierte Einteilung der Gesellschaft in verschiedene Ordnungen

私たちは、ほとんど至る所で、社会が様々な秩序に複雑に配列されているのを見出す

Es gab schon immer eine mannigfaltige Abstufung des sozialen Ranges

社会的地位には、常に多様なグラデーションがあった

Im alten Rom gibt es Patrizier, Ritter, Plebejer, Sklaven

古代ローマには、貴族、騎士、プレブス、奴隷がいます

im Mittelalter: Feudalherren, Vasallen, Zunftmeister, Gesellen, Lehrlinge, Leibeigene

中世:封建領主、家臣、ギルドマスター、職人、見習い、農奴

In fast allen diesen Klassen sind wiederum untergeordnete Abstufungen

これらのクラスのほとんどすべてで、繰り返しになりますが、従属的なグラデーションです

Die moderne Bourgeoisie Gesellschaft ist aus den Trümmern der feudalen Gesellschaft hervorgegangen

近代ブルジョアジー社会は、封建社会の廃墟から芽生えた

Aber diese neue Gesellschaftsordnung hat die Klassengegensätze nicht beseitigt

しかし、この新しい社会秩序は、階級対立をなくしたわけではない

Sie hat nur neue Klassen und neue Unterdrückungsbedingungen geschaffen

それは、新しい階級と新しい抑圧条件を打ち立てたにすぎない

Sie hat neue Formen des Kampfes an die Stelle der alten gesetzt

それは、古い闘争に代えて、新しい闘争形態を確立した

Die Epoche, in der wir uns befinden, weist jedoch eine Besonderheit auf

しかし、私たちが置かれている時代には、一つの特徴があります

die Epoche der Bourgeoisie hat die Klassengegensätze vereinfacht

ブルジョアジーの時代は、階級対立を単純化した

Die Gesellschaft als Ganzes spaltet sich mehr und mehr in zwei große feindliche Lager

社会全体は、ますます2つの大きな敵対陣営に分裂しています

zwei große soziale Klassen, die sich direkt gegenüberstehen: Bourgeoisie und Proletariat

ブルジョアジーとプロレタリアートという2つの大きな社会階級が直接対峙している

Aus den Leibeigenen des Mittelalters gingen die Bürger der ersten Städte hervor

中世の農奴から、最古の町の勅許された盗賊が生まれた

Aus diesen Bürgern entwickelten sich die ersten Elemente der Bourgeoisie

これらのバージェスから、ブルジョアジーの最初の要素が発展しました

Die Entdeckung Amerikas und die Umrundung des Kaps

アメリカの発見とケープの丸みを帯びた

diese Ereignisse eröffneten der aufstrebenden Bourgeoisie neues Terrain

これらの出来事は、台頭するブルジョアジーに新たな地平を切り開いた

Die ostindischen und chinesischen Märkte, die Kolonisierung Amerikas, der Handel mit den Kolonien

東インドと中国の市場、アメリカの植民地化、植民地との貿易

die Vermehrung der Tauschmittel und der Waren überhaupt

交換手段と商品一般の増加

Diese Ereignisse gaben dem Handel, der Schiffahrt und der Industrie einen nie gekannten Impuls

これらの出来事は、商業、航海、および産業に、これまで知られていなかった衝動を与えました

Sie gab dem revolutionären Element in der wankenden feudalen Gesellschaft eine rasche Entwicklung

それは、よろめく封建社会の革命的要素に急速な発展を与えた

Geschlossene Zünfte hatten das feudale System der industriellen Produktion monopolisiert

閉鎖的なギルドは、封建的な工業生産システムを独占していた

Doch das reichte den wachsenden Bedürfnissen der neuen Märkte nicht mehr aus

しかし、これはもはや新しい市場の増大する欲求には十分ではありませんでした

Das Manufaktursystem trat an die Stelle des feudalen Systems der Industrie

生産システムは、封建的な産業システムに取って代わりました

Die Zunftmeister wurden vom produzierenden Bürgertum auf die Seite gedrängt

ギルドマスターは製造業の中産階級によって一方の側で押された

Die Arbeitsteilung zwischen den verschiedenen korporativen Innungen verschwand

異なる企業ギルド間の分業は消滅した

Die Arbeitsteilung durchdrang jede einzelne Werkstatt

分業は各作業場に浸透していた

In der Zwischenzeit wuchsen die Märkte immer weiter und die Nachfrage stieg immer weiter

その間、市場は成長を続け、需要は高まり続けました

Selbst Fabriken reichten nicht mehr aus, um den Anforderungen gerecht zu werden

工場でさえ、もはや需要を満たすのに十分ではありませんでした

Daraufhin revolutionierten Dampf und Maschinen die industrielle Produktion

そこで、蒸気と機械が工業生産に革命をもたらしました

An die Stelle der Manufaktur trat der Riese, die moderne Industrie

製造の場は、巨大なモダン・インダストリーに奪われました

An die Stelle des industriellen Mittelstandes traten industrielle Millionäre

産業中産階級の地位は産業の億万長者によって奪われた

an die Stelle der Führer ganzer Industriearmeen trat die moderne Bourgeoisie

全産業軍隊の指導者の地位は、近代ブルジョアジーによって奪われた

die Entdeckung Amerikas ebnete der modernen Industrie den Weg zur Etablierung des Weltmarktes

アメリカの発見は、近代産業が世界市場を確立するための道を開きました

Dieser Markt gab dem Handel, der Schifffahrt und der Kommunikation auf dem Landweg eine ungeheure Entwicklung

この市場は、商業、航海、および陸路による通信に大きな発展をもたらしました

Diese Entwicklung hat seinerzeit auf die Ausdehnung der Industrie reagiert

この発展は、その時代に、産業の拡張に反応しました

Sie reagierte in dem Maße, wie sich die Industrie ausbreitete, und wie sich Handel, Schiffahrt und Eisenbahn ausdehnten

それは、産業がどのように拡大し、商業、航海、鉄道がどのように拡大したかに比例して反応した

in demselben Maße, in dem sich die Bourgeoisie entwickelte, vermehrte sie ihr Kapital

ブルジョアジーが発展したのと同じ割合で、彼らは資本を増やした

und das Bourgeoisie drängte jede aus dem Mittelalter überlieferte Klasse in den Hintergrund

そしてブルジョアジーは、中世から受け継がれてきたあらゆる階級を背景に押しやった

daher ist die moderne Bourgeoisie selbst das Produkt eines langen Entwicklungsganges

それゆえ、近代ブルジョアジーは、それ自体が長い発展過程の産物である

Wir sehen, dass es sich um eine Reihe von Revolutionen in der Produktions- und Tauschweise handelt

それは生産様式と交換様式における一連の革命であることがわかります

Jeder Schritt der Bourgeoisie Entwicklung ging mit einem entsprechenden politischen Fortschritt einher

ブルジョアジーの発展段階は、それに対応する政治的前進を伴った

Eine unterdrückte Klasse unter der Herrschaft des feudalen Adels

封建貴族の支配下にある抑圧された階級

ein bewaffneter und selbstverwalteter Verein in der mittelalterlichen Kommune

中世のコミューンにおける武装した自治団体

hier eine unabhängige Stadtrepublik (wie in Italien und Deutschland)

ここでは、独立した都市共和国(イタリアやドイツのように)

dort ein steuerpflichtiger "dritter Stand" der Monarchie (wie in Frankreich)

そこには、君主制の課税対象の「第三の財産」(フランスのように)

Danach, in der Zeit der eigentlichen Herstellung

その後、適切な製造期間に

die Bourgeoisie diente entweder der halbfeudalen oder der absoluten Monarchie

ブルジョアジーは半封建制か絶対君主制のいずれかに仕えた

oder die Bourgeoisie fungierte als Gegengewicht zum Adel

あるいは、ブルジョアジーは貴族に対するカウンターポイズとして機能した

und in der Tat war die Bourgeoisie ein Eckpfeiler der großen Monarchien überhaupt

そして実際、ブルジョアジーは大君主制全般の礎石であった

aber die moderne Industrie und der Weltmarkt haben sich seitdem etabliert

しかし、近代産業と世界市場はそれ以来確立されました

und die Bourgeoisie hat sich die ausschließliche politische Herrschaft erobert

そして、ブルジョアジーは、排他的な政治的支配権を自ら征服した

sie erreichte diese politische Herrschaft durch den modernen repräsentativen Staat

それは、近代的な代議制国家を通じて、この政治的影響力を達成した

Die Exekutive des modernen Staates ist nichts anderes als ein Verwaltungskomitee

近代国家の執行部は、管理委員会にすぎない

und sie leiten die gemeinsamen Angelegenheiten der gesamten Bourgeoisie

そして、彼らはブルジョアジー全体の共通の問題を管理する

Die Bourgeoisie hat historisch gesehen eine höchst revolutionäre Rolle gespielt

ブルジョアジーは、歴史的に見て、最も革命的な役割を演じてきた

Wo immer sie die Oberhand gewann, machte sie allen feudalen, patriarchalischen und idyllischen Verhältnissen ein Ende

優位に立ったところでは、封建的、家父長的、牧歌的な関係に終止符を打った

Sie hat erbarmungslos die bunten feudalen Bande zerrissen, die den Menschen an seine "natürlichen Vorgesetzten" banden

それは、人間を「生まれながらの上司」に縛り付けていた雑多な封建的な絆を情け容赦なく引き裂いた

Und es ist kein Nexus zwischen Mensch und Mensch übrig geblieben, außer nacktem Eigeninteresse

そしてそれは、むき出しの私利私欲以外に、人間と人間の間に何のつながりも残さなかった

Die Beziehungen der Menschen zueinander sind zu nichts anderem geworden als zu einer gefühllosen "Geldzahlung"

人間同士の関係は、無神経な「現金支払い」に過ぎなくなってしまった

Sie hat die himmlischsten Ekstasen religiöser Inbrunst ertränkt

それは、宗教的熱情の最も天国的な恍惚感を溺れさせました

sie hat ritterlichen Enthusiasmus und philiströsen Sentimentalismus übertönt

それは騎士道的な熱狂とペリシテのセンチメンタリズムを溺れさせました

Sie hat diese Dinge im eisigen Wasser des egoistischen Kalküls ertränkt

それは、利己的な計算の氷水にこれらのものを溺れさせました

Sie hat den persönlichen Wert in Tauschwert aufgelöst

それは個人の価値を交換可能な価値に分解した

Sie hat die zahllosen und unveräußerlichen verbrieften Freiheiten ersetzt

それは、数え切れないほどの、定義しがたい勅許された自由に取って代わった

und sie hat eine einzige, skrupellose Freiheit geschaffen; Freihandel

そして、それは単一の、非良心的な自由を打ち立てた。自由貿易

Mit einem Wort, sie hat dies für die Ausbeutung getan

一言で言えば、搾取のためにこれをやったのです

Ausbeutung, verschleiert durch religiöse und politische Illusionen

宗教的・政治的幻想に覆われた搾取

Ausbeutung verschleiert durch nackte, schamlose, direkte, brutale Ausbeutung

むき出しの、恥知らずな、直接的で、残忍な搾取によってベールに包まれた搾取

die Bourgeoisie hat den Heiligenschein von jedem zuvor geehrten und verehrten Beruf abgestreift

ブルジョアジーは、それまで栄誉と尊敬を集めていたあらゆる職業から光輪を剥ぎ取った

der Arzt, der Advokat, der Priester, der Dichter und der Mann der Wissenschaft

医者、弁護士、聖職者、詩人、そして科学者

Sie hat diese ausgezeichneten Arbeiter in ihre bezahlten Lohnarbeiter verwandelt

中国は、これらの著名な労働者を有給の賃金労働者に変えた

Die Bourgeoisie hat der Familie den sentimentalen Schleier weggerissen

ブルジョアジーは家族から感傷的なベールを引き裂いた

Und sie hat das Familienverhältnis auf ein bloßes Geldverhältnis reduziert

そして、それは家族関係を単なる金銭的関係に還元してしまった

die brutale Zurschaustellung der Kraft im Mittelalter, die die Reaktionäre so sehr bewundern

反動主義者が賞賛する中世の残忍な活力の誇示

Auch diese fand ihre passende Ergänzung in der trägesten Trägheit

これでさえ、最も怠惰な怠惰にふさわしい補完物を見つけました

Die Bourgeoisie hat enthüllt, wie es dazu gekommen ist

ブルジョアジーは、この全てがどのようにして起こったのかを暴露した

Die Bourgeoisie war die erste, die gezeigt hat, was die Tätigkeit des Menschen bewirken kann

ブルジョアジーは、人間の活動が何をもたらすことができるかを最初に示してきた

Sie hat Wunder vollbracht, die ägyptische Pyramiden, römische Aquädukte und gotische Kathedralen bei weitem übertreffen

エジプトのピラミッド、ローマの水道橋、ゴシック様式の大聖堂をはるかに凌駕する驚異を成し遂げました

und sie hat Expeditionen durchgeführt, die alle früheren
Auszüge von Nationen und Kreuzzügen in den Schatten
stellten

そして、かつての国々の出エジプトや十字軍のすべてを
日陰にする遠征を行ってきました

Die Bourgeoisie kann nicht existieren, ohne die
Produktionsmittel ständig zu revolutionieren

ブルジョアジーは、生産手段を絶えず革命することなし
には存在し得ない

und damit kann sie nicht ohne ihre Beziehungen zur
Produktion existieren

したがって、それは生産との関係なしには存在し得ない

und deshalb kann sie nicht ohne ihre Beziehungen zur
Gesellschaft existieren

したがって、社会との関係なしには存在し得ません

Alle früheren Industrieklassen hatten eine Bedingung
gemeinsam

それ以前のすべての産業階級には、1つの共通条件があ
りました

Sie setzten auf die Bewahrung der alten Produktionsweisen

彼らは古い生産様式の保存に頼っていた

aber die Bourgeoisie brachte eine völlig neue Dynamik mit
sich

しかし、ブルジョアジーはまったく新しい力学をもたら
した

Ständige Revolutionierung der Produktion und
ununterbrochene Störung aller gesellschaftlichen
Verhältnisse

生産の絶え間ない革命とあらゆる社会条件の絶え間ない
撹乱

diese immerwährende Unsicherheit und Unruhe
unterscheidet die Epoche der Bourgeoisie von allen früheren

この永遠に続く不確実性と動揺は、ブルジョアジーの時
代をそれ以前のすべての時代と区別する

Die bisherigen Beziehungen zur Produktion waren mit alten
und ehrwürdigen Vorurteilen und Meinungen verbunden

以前の生産との関係には、古くからある偏見や意見が伴いました

Aber all diese festgefahrenen, eingefrorenen Beziehungen werden hinweggefegt

しかし、これらの固定された、急速に凍結された関係はすべて一掃されます

Alle neu gebildeten Verhältnisse werden antiquiert, bevor sie erstarren können

新しく形成されたすべての関係は、骨化する前に時代遅れになります

Alles, was fest ist, zerschmilzt in Luft, und alles, was heilig ist, wird entweiht

固いものはすべて空気に溶け、聖なるものはすべて冒涜される

Der Mensch ist endlich gezwungen, mit nüchternen Sinnen seinen wirklichen Lebensbedingungen ins Auge zu sehen

人間はついに、冷静な感覚、つまり人生の本当の条件と向き合うことを余儀なくされる

und er ist gezwungen, sich seinen Beziehungen zu seinesgleichen zu stellen

そして、彼は自分の種族との関係に直面することを余儀なくされています

Die Bourgeoisie muss ständig ihre Märkte für ihre Produkte erweitern

ブルジョアジーは、常にその製品の市場を拡大する必要があります

und deshalb wird die Bourgeoisie über die ganze Erdoberfläche gejagt

そして、このために、ブルジョアジーは地球の表面全体を追いかけている

Die Bourgeoisie muss sich überall einnisten, sich überall niederlassen, überall Verbindungen herstellen

ブルジョアジーは、どこにでも寄り添い、どこにでも定住し、どこにでもつながりを築かなければならない

Die Bourgeoisie muss in jedem Winkel der Welt Märkte schaffen, um sie auszubeuten

ブルジョアジーは、世界の隅々に市場をつくりだし、搾取しなければならない

Die Produktion und der Konsum in jedem Land haben einen kosmopolitischen Charakter erhalten

各国の生産と消費には、コスモポリタンな性格が与えられています

der Verdruss der Reaktionäre ist mit Händen zu greifen, aber er hat sich trotzdem fortgesetzt

反動主義者の悔しさは明白であるが、それはそれにもかかわらず続いている

Die Bourgeoisie hat der Industrie den nationalen Boden, auf dem sie stand, unter den Füßen weggezogen

ブルジョアジーは、産業の足元から、ブルジョアジーが立っている国家的基盤を引き出してきた

Alle alteingesessenen nationalen Industrien sind zerstört worden oder werden täglich zerstört

古くからある国家産業はすべて破壊されたか、あるいは日々破壊されつつある

Alle alteingesessenen nationalen Industrien werden durch neue Industrien verdrängt

老舗の国内産業は、すべて新しい産業に追い出される

Ihre Einführung wird zu einer Frage von Leben und Tod für alle zivilisierten Völker

それらの導入は、すべての文明国にとって生死に関わる問題となる

Sie werden von Industrien verdrängt, die keine heimischen Rohstoffe mehr verarbeiten

彼らは、もはや土着の原材料を加工しない産業によって追い出されています

Stattdessen beziehen diese Industrien Rohstoffe aus den entlegensten Zonen

代わりに、これらの産業は最も遠隔地から原材料を引き出します

Industrien, deren Produkte nicht nur zu Hause, sondern in allen Teilen der Welt konsumiert werden

その製品が家庭だけでなく、世界のあらゆる場所で消費されている産業

An die Stelle der alten Bedürfnisse, die durch die Erzeugnisse des Landes befriedigt werden, treten neue Bedürfnisse

古い欲求の代わりに、国の生産物によって満たされ、新しい欲求を見つけます

Diese neuen Bedürfnisse bedürfen zu ihrer Befriedigung der Produkte aus fernen Ländern und Klimazonen

これらの新しい欲求は、その満足のために、遠くの土地や気候の産物を必要とする

An die Stelle der alten lokalen und nationalen Abgeschiedenheit und Selbstversorgung tritt der Handel

古い地方や国の隔離と自給自足の代わりに、私たちは貿易をしています

internationaler Austausch in alle Richtungen; universelle Interdependenz der Nationen

あらゆる方向での国際交流。国家の普遍的な相互依存

Und so wie wir von Materialien abhängig sind, so sind wir von der intellektuellen Produktion abhängig

そして、私たちが物質に依存しているように、私たちは知的生産に依存しています

Die geistigen Schöpfungen der einzelnen Nationen werden zum Gemeingut

個々の国家の知的創造物は共有財産となる

Nationale Einseitigkeit und Engstirnigkeit werden immer unmöglicher

国家の一面性、偏狭さはますます不可能になる

Und aus den zahlreichen nationalen und lokalen Literaturen entsteht eine Weltliteratur

そして、数多くの国や地方の文学から、世界文学が生まれます

durch die rasche Verbesserung aller Produktionsmittel

すべての生産手段の急速な改善によって

durch die immens erleichterten Kommunikationsmittel

非常に容易な通信手段によって

Die Bourgeoisie zieht alle (auch die barbarischsten Nationen) in die Zivilisation hinein

ブルジョアジーは、すべての(最も野蛮な国々でさえも)文明に引き込む

Die billigen Preise seiner Waren; die schwere Artillerie, die alle chinesischen Mauern niederreißt

その商品の安い価格。中国全土の壁を打ち破る重砲

Der hartnäckige Fremdenhass der Barbaren wird zur Kapitulation gezwungen

野蛮人の外国人に対する強烈な憎悪は降伏を余儀なくされる

Sie zwingt alle Nationen, unter Androhung des Aussterbens, die Bourgeoisie Produktionsweise anzunehmen

それは、すべての国が、絶滅の苦痛を味わって、ブルジョアジー的生産様式を採用することを強いる

Sie zwingt sie, das, was sie Zivilisation nennt, in ihre Mitte einzuführen

それは彼らに、文明と呼ぶものを彼らの中に導入することを強いる

Die Bourgeoisie zwingt die Barbaren, selbst zur Bourgeoisie zu werden

ブルジョアジーは、野蛮人自身をブルジョアジーにすることを強制する

mit einem Wort, die Bourgeoisie schafft sich eine Welt nach ihrem Bilde

一言でいえば、ブルジョアジーは自らのイメージに倣って世界を創造する

Die Bourgeoisie hat das Land der Herrschaft der Städte unterworfen

ブルジョアジーは、田舎を町の支配に服従させた

Sie hat riesige Städte geschaffen und die Stadtbevölkerung stark vergrößert

それは巨大な都市を作り、都市人口を大幅に増加させました

Sie rettete einen beträchtlichen Teil der Bevölkerung vor der Idiotie des Landlebens

それは、田舎の生活の愚かさから人口のかなりの部分を救いました

Aber sie hat die Menschen auf dem Lande von den Städten abhängig gemacht

しかし、それは田舎の人々を町に依存させました

Und ebenso hat sie die barbarischen Länder von den zivilisierten abhängig gemacht

同様に、それは野蛮な国々を文明国に依存させました

Bauernnationen gegen Völker der Bourgeoisie, Osten gegen Westen

ブルジョアジーの国には農民の国、西には東の国

Die Bourgeoisie beseitigt den zerstreuten Zustand der Bevölkerung mehr und mehr

ブルジョアジーは、人口の分散した状態をますます排除する

Sie hat die Produktion agglomeriert und das Eigentum in wenigen Händen konzentriert

それは生産を凝集し、少数の手に財産を集中させました

Die notwendige Konsequenz daraus war eine politische Zentralisierung

この必然的な帰結は、政治的中央集権化であった

Es gab unabhängige Nationen und lose miteinander verbundene Provinzen

独立国家と緩やかに結びついた州があった

Sie hatten getrennte Interessen, Gesetze, Regierungen und Steuersysteme

彼らは別々の利益、法律、政府、税制を持っていました

Aber sie sind zu einer Nation zusammengeschmolzen, mit einer Regierung

しかし、彼らは一つの国、一つの政府にまとめられてしまった

Sie haben jetzt ein nationales Klasseninteresse, eine Grenze und einen Zolltarif

彼らは今、1つの国家階級的利益、1つのフロンティア、1つの関税を持っている

Und dieses nationale Klasseninteresse ist unter einem Gesetzbuch vereinigt

そして、この民族的階級的利益は、一つの法典の下に統一される

die Bourgeoisie hat während ihrer knapp hundertjährigen Herrschaft viel erreicht

ブルジョアジーは、わずか100年の支配の間に多くのことを成し遂げた

massivere und kolossalere Produktivkräfte als alle vorhergehenden Generationen zusammen

先行するすべての世代を合わせたよりも、より大規模で巨大な生産力

Die Kräfte der Natur sind dem Willen des Menschen und seiner Maschinerie unterworfen

自然の力は、人間とその機械の意志に隷属しています

Die Chemie wird auf alle Industrieformen und Landwirtschaftsformen angewendet

化学は、あらゆる形態の産業と農業の種類に適用されます

Dampfschiffahrt, Eisenbahnen, elektrische Telegraphen und die Druckerpresse

蒸気航行、鉄道、電信、印刷機

Rodung ganzer Kontinente für den Anbau, Kanalisierung von Flüssen

耕作のための全大陸の清算、河川の運河化

ganze Populationen wurden aus dem Boden gezaubert und an die Arbeit gebracht

全住民が地面から召喚され、働かされた

Welches frühere Jahrhundert hatte auch nur eine Ahnung von dem, was entfesselt werden könnte?

何が起きるのか、という予感が湧いたのは、前世紀だったのだろうか。

Wer hat vorausgesagt, dass solche Produktivkräfte im Schoß der gesellschaftlichen Arbeit schlummern?

このような生産力が社会労働の膝元に眠っていると誰が予測したのだろうか。

Wir sehen also, daß die Produktions- und Tauschmittel in der feudalen Gesellschaft erzeugt wurden

したがって、生産手段と交換手段は封建社会で生み出されたことがわかる

die Produktionsmittel, auf deren Grundlage sich die Bourgeoisie aufbaute

ブルジョアジーが自らを基礎として築き上げた生産手段

Auf einer bestimmten Stufe der Entwicklung dieser Produktions- und Tauschmittel

これらの生産手段と交換手段の発展の特定の段階

die Bedingungen, unter denen die feudale Gesellschaft produzierte und tauschte

封建社会が生産し交換した条件

Die feudale Organisation der Landwirtschaft und des verarbeitenden Gewerbes

農業と製造業の封建組織

Die feudalen Eigentumsverhältnisse waren mit den materiellen Verhältnissen nicht mehr vereinbar

封建的な財産関係は、もはや物質的条件と両立しなかった

Sie mussten gesprengt werden, also wurden sie auseinandergesprengt

彼らはバラバラに破裂しなければならなかったので、彼らはバラバラに破裂しました

An ihre Stelle trat die freie Konkurrenz der Produktivkräfte

その場所に生産力からの自由競争は歩んだ

Und sie wurden von einer ihr angepassten sozialen und politischen Verfassung begleitet

そして、それに適応した社会的・政治的憲法が伴っていた

und sie wurde begleitet von der ökonomischen und
politischen Herrschaft der Bourgeoisie Klasse

そしてそれは、ブルジョア階級の経済的、政治的影響力
を伴っていた

Eine ähnliche Bewegung vollzieht sich vor unseren eigenen
Augen

同じような動きが目の前で起きている

Die moderne Bourgeoisie Gesellschaft mit ihren
Produktions-, Tausch- und Eigentumsverhältnissen

生産関係、交換関係、所有関係を持つ近代ブルジョアジ
ー社会

eine Gesellschaft, die so gigantische Produktions- und
Tauschmittel heraufbeschworen hat

このような巨大な生産手段と交換手段を生み出した社会

Es ist wie der Zauberer, der die Mächte der Unterwelt
heraufbeschworen hat

冥界の力を召喚した魔術師のようだ

Aber er ist nicht mehr in der Lage, zu kontrollieren, was er
in die Welt gebracht hat

しかし、彼はもはや自分がこの世にもたらしたものをコ
ントロールすることはできません

Viele Jahrzehnte lang war die vergangene Geschichte durch
einen roten Faden miteinander verbunden

過去10年間、過去の歴史は共通の糸で結ばれていました

Die Geschichte der Industrie und des Handels ist nichts
anderes als die Geschichte der Revolten

産業と商業の歴史は、反乱の歴史にすぎなかった

die Revolten der modernen Produktivkräfte gegen die
modernen Produktionsbedingungen

近代的生産諸条件に対する近代的生産力の反乱

die Revolten der modernen Produktivkräfte gegen die
Eigentumsverhältnisse

所有関係に対する近代的生産力の反乱

diese Eigentumsverhältnisse sind die Bedingungen für die
Existenz der Bourgeoisie

これらの所有関係は、ブルジョアジーの存在条件である

und die Existenz der Bourgeoisie bestimmt die Regeln der Eigentumsverhältnisse

そして、ブルジョアジーの存在が財産関係の規則を決定する

Es genügt, die periodische Wiederkehr von Handelskrisen zu erwähnen

商業危機の定期的な再来について言及するだけで十分です

jede Handelskrise ist für die Bourgeoisie Gesellschaft bedrohlicher als die letzte

それぞれの商業的危機は、ブルジョアジー社会にとって、前回よりも脅威となっている

In diesen Krisen wird ein großer Teil der bestehenden Produkte vernichtet

これらの危機では、既存の製品の大部分が破壊されます

Diese Krisen zerstören aber auch die zuvor geschaffenen Produktivkräfte

しかし、これらの危機は、以前に生み出された生産力も破壊する

In allen früheren Epochen wären diese Epidemien als Absurdität erschienen

それ以前のすべての時代において、これらの伝染病は不条理に思われたであろう

denn diese Epidemien sind die kommerziellen Krisen der Überproduktion

なぜなら、これらの伝染病は過剰生産の商業的危機だからです

Die Gesellschaft befindet sich plötzlich wieder in einem Zustand der momentanen Barbarei

社会は突如として、一瞬の野蛮な状態に逆戻りする

als ob ein allgemeiner Verwüstungskrieg jede Möglichkeit des Lebensunterhalts abgeschnitten hätte

あたかも、世界規模の荒廃戦争が、あらゆる生存手段を断ち切ったかのように

Industrie und Handel scheinen zerstört worden zu sein; Und warum?

産業と商業は破壊されたようです。でなぜ。

Weil es zu viel Zivilisation und Subsistenzmittel gibt
文明と生活手段が多すぎるからです

Und weil es zu viel Industrie und zu viel Handel gibt
そして、産業が多すぎて、商業が多すぎるからです

Die Produktivkräfte, die der Gesellschaft zur Verfügung
stehen, entwickeln nicht mehr das Bourgeoisie Eigentum
社会が自由に使える生産力は、もはやブルジョアジーの
所有を発展させない

im Gegenteil, sie sind zu mächtig geworden für diese
Verhältnisse, durch die sie gefesselt sind
それどころか、彼らはこれらの条件に対してあまりにも
強力になりすぎており、それによって彼らは束縛されて
います

sobald sie diese Fesseln überwunden haben, bringen sie
Unordnung in die ganze Bourgeoisie Gesellschaft
かれらは、これらの足枷を乗り越えるやいなや、ブルジ
ョアジー社会全体に無秩序をもたらす

und die Produktivkräfte gefährden die Existenz des
Bourgeoisie Eigentums
そして、生産力はブルジョアジーの所有物の存在を危険
にさらす

Die Bedingungen der Bourgeoisie Gesellschaft sind zu eng,
um den von ihnen geschaffenen Reichtum zu erfassen
ブルジョアジー社会の諸条件は、ブルジョアジー社会が
生み出した富を成り立たせるには狭すぎる

Und wie überwindet die Bourgeoisie diese Krisen?
そして、ブルジョアジーはこれらの危機をどのように乗
り越えるのでしょうか?

Einerseits überwindet sie diese Krisen durch die
erzwungene Vernichtung einer Masse von Produktivkräften
一方では、大量の生産力の強制的な破壊によってこれら
の危機を克服する

Andererseits überwindet sie diese Krisen durch die
Eroberung neuer Märkte

一方、新しい市場を征服することでこれらの危機を克服します

Und sie überwindet diese Krisen durch die gründlichere Ausbeutung der alten Produktivkräfte

そして、それは、古い生産力のより徹底的な搾取によってこれらの危機を克服する

Das heißt, indem sie den Weg für umfangreichere und zerstörerischere Krisen ebnen

つまり、より広範で破壊的な危機への道を開くことによってです

Sie überwindet die Krise, indem sie die Mittel zur Krisenprävention einschränkt

それは、危機を防ぐ手段を減らすことによって危機を克服する

Die Waffen, mit denen die Bourgeoisie den Feudalismus zu Fall brachte, sind jetzt gegen sich selbst gerichtet

ブルジョアジーが封建制を地に堕とした武器は、今やブルジョアジーに向けられている

Aber die Bourgeoisie hat nicht nur die Waffen geschmiedet, die sich selbst den Tod bringen

しかし、ブルジョアジーは、自らに死をもたらす武器を鍛え上げただけではない

Sie hat auch die Männer ins Leben gerufen, die diese Waffen führen sollen

それはまた、それらの武器を振るうべき男たちを存在させました

Und diese Männer sind die moderne Arbeiterklasse; Sie sind die Proletarier

そして、これらの人々は現代の労働者階級である。彼らはプロレタリアである

In dem Maße, wie die Bourgeoisie entwickelt ist, entwickelt sich auch das Proletariat

ブルジョアジーが発展するのに比例して、プロレタリアートも同じ割合で発展する

Die moderne Arbeiterklasse entwickelte eine Klasse von
Arbeitern
現代の労働者階級は、労働者の階級を発展させた
Diese Klasse von Arbeitern lebt nur so lange, wie sie Arbeit
findet
この階級の労働者は、仕事を見つけるまでしか生きられ
ない
Und sie finden nur so lange Arbeit, wie ihre Arbeit das
Kapital vermehrt
そして、彼らは、彼らの労働が資本を増大させる間だけ
、仕事を見つける
Diese Arbeiter, die sich stückweise verkaufen müssen, sind
eine Ware
これらの労働者は、自分自身を断片的に売らなければな
らず、商品である
Diese Arbeiter sind wie jeder andere Handelsartikel
これらの労働者は、他のすべての商取引品と同じである
und sie sind folglich allen Wechselfällen des Wettbewerbs
ausgesetzt
その結果、彼らは競争のあらゆる浮き沈みにさらされる
ことになります
Sie müssen alle Schwankungen des Marktes überstehen
彼らは市場のすべての変動を乗り切らなければなりませ
ん
Aufgrund des umfangreichen Maschineneinsatzes und der
Arbeitsteilung
機械の広範な使用と分業のため
Die Arbeit der Proletarier hat jeden individuellen Charakter
verloren
プロレタリアの活動は、すべての個人的性格を失った
Und folglich hat die Arbeit der Proletarier für den Arbeiter
jeden Reiz verloren
その結果、プロレタリアの労働は、労働者にとっての魅
力を失った
Er wird zu einem Anhängsel der Maschine und nicht mehr
zu dem Mann, der er einmal war

彼はかつての人間ではなく、機械の付属物になる

Nur das einfachste, eintönigste und am leichtesten zu erwerbende Geschick wird von ihm verlangt

彼に求められるのは、最も単純で、単調で、最も簡単に習得できるコツだけです

Daher sind die Produktionskosten eines Arbeiters begrenzt

したがって、労働者の生産コストは制限されています

sie beschränkt sich fast ausschließlich auf die Mittel zur Bestreitung des Lebensunterhalts, die er zu seinem Unterhalt benötigt

それは、ほとんど完全に、彼が彼の維持のために必要とする生存手段に制限されています

und sie beschränkt sich auf die Subsistenzmittel, die er zur Fortpflanzung seiner Rasse benötigt

そして、それは、彼が自分の人種の繁殖に必要とする生存手段に限定されている

Aber der Preis einer Ware, also auch der Arbeit, ist gleich ihren Produktionskosten

しかし、商品の価格、したがって労働の価格も、その生産費に等しい

In dem Maße also, wie die Widerwärtigkeit der Arbeit zunimmt, sinkt der Lohn

したがって、それに比例して、仕事の反発力が高まると、賃金は減少します

Ja, die Widerwärtigkeit seiner Arbeit nimmt sogar noch mehr zu

いや、彼の作品の反発はさらに大きくなっている

In dem Maße, wie der Einsatz von Maschinen und die Arbeitsteilung zunehmen, steigt auch die Last der Arbeit

機械の使用と分業が増えるにつれて、労苦の負担も大きくなります

Die Arbeitsbelastung wird durch die Verlängerung der Arbeitszeit erhöht

労働時間の延長により労苦の負担が増す

Dem Arbeiter wird in der gleichen Zeit mehr zugemutet als zuvor

以前と同じ時間に、労働者にもっと多くのことが期待されている

Und natürlich wird die Last der Arbeit durch die Geschwindigkeit der Maschinerie erhöht

そしてもちろん、労苦の負担は機械の速度によって増加します

Die moderne Industrie hat die kleine Werkstatt des patriarchalischen Meisters in die große Fabrik des industriellen Kapitalisten verwandelt

近代産業は、家父長制の主人の小さな作業場を産業資本家の大工場に変えた

Massen von Arbeitern, die in die Fabrik gedrängt sind, sind wie Soldaten organisiert

工場に押し寄せた労働者の大衆は、兵士のように組織されている

Als Gefreite der Industriearmee stehen sie unter dem Kommando einer vollkommenen Hierarchie von Offizieren und Unteroffizieren

産業軍の私兵として、彼らは将校と軍曹の完全な階層の指揮下に置かれます

sie sind nicht nur die Sklaven der Bourgeoisie und des Staates

彼らはブルジョア階級と国家の奴隷だけではない

Aber sie werden auch täglich und stündlich von der Maschine versklavt

しかし、彼らはまた、毎日、毎時間、機械によって奴隷にされています

sie sind Sklaven des Aufsehers und vor allem des einzelnen Bourgeoisie Fabrikanten selbst

彼らは、監視する者によって、そして何よりも、個々のブルジョアジー製造業者自身によって奴隷化されている

Je offener dieser Despotismus den Gewinn als seinen Zweck und sein Ziel proklamiert, desto kleinlicher, verhaßter und verbitterender ist er

この専制政治が、利得をその目的と目的であると公然と宣言すればするほど、それはより卑小で、より憎悪的で、より憤慨する

Je mehr sich die moderne Industrie entwickelt, desto geringer sind die Unterschiede zwischen den Geschlechtern

近代的な産業が発展すればするほど、男女間の違いは小さくなります

Je geringer die Geschicklichkeit und Kraftanstrengung der Handarbeit ist, desto mehr wird die Arbeit der Männer von der der Frauen verdrängt

肉体労働に内在する技能と力の発揮が少なければ少ないほど、男性の労働は女性の労働に取って代わられる

Alters- und Geschlechtsunterschiede haben für die Arbeiterklasse keine besondere gesellschaftliche Gültigkeit mehr

年齢や性別の違いは、もはや労働者階級にとって明確な社会的妥当性をもたない

Alle sind Arbeitsinstrumente, die je nach Alter und Geschlecht mehr oder weniger teuer zu gebrauchen sind

すべては労働道具であり、年齢や性別に応じて多かれ少なかれ高価です

sobald der Arbeiter seinen Lohn in bar erhält, wird er von den übrigen Teilen der Bourgeoisie angegriffen

労働者は、その賃金を現金で受け取るやいなや、ブルジョアジーの他の部分から搾取される

der Vermieter, der Ladenbesitzer, der Pfandleiher usw

家主、店主、質屋など

Die unteren Schichten der Mittelschicht; die kleinen Handwerker und Ladenbesitzer

中産階級の下層。小さな商人、人々、店主

die pensionierten Gewerbetreibenden überhaupt, die Handwerker und Bauern

引退した商人一般、手工業者、農民

all dies sinkt allmählich in das Proletariat ein

これらすべてはプロレタリアートに次第に沈む

theils deshalb, weil ihr winziges Kapital nicht ausreicht für den Maßstab, in dem die moderne Industrie betrieben wird

その理由の一つは、彼らの小さな資本が、近代産業が遂行されている規模に対して十分ではないからである

und weil sie in der Konkurrenz mit den Großkapitalisten überschwemmt wird

そして、それは大資本家との競争に圧倒されているからです

zum Teil deshalb, weil ihr spezialisiertes Können durch die neuen Produktionsmethoden wertlos wird

その理由の一つは、彼らの専門技術が新しい生産方法によって無価値になってしまったからである

So rekrutiert sich das Proletariat aus allen Klassen der Bevölkerung

こうして、プロレタリアートは人口のあらゆる階級から徴兵される

Das Proletariat durchläuft verschiedene Entwicklungsstufen

プロレタリアートは様々な発展段階を経る

Mit ihrer Geburt beginnt der Kampf mit der Bourgeoisie

その誕生とともに、ブルジョアジーとの闘争が始まる

Zuerst wird der Kampf von einzelnen Arbeitern geführt

最初は、個々の労働者によってコンテストが行われます

Dann wird der Kampf von den Arbeitern einer Fabrik ausgetragen

その後、コンテストは工場の労働者によって行われます

Dann wird der Kampf von den Arbeitern eines Gewerbes an einem Ort ausgetragen

そして、コンテストは、1つの地域で、1つの取引の工作員によって行われます

und der Kampf richtet sich dann gegen die einzelne Bourgeoisie, die sie direkt ausbeutet

そして、その競争は、彼らを直接搾取する個々のブルジョアジーに対するものである

Sie richten ihre Angriffe nicht gegen die Bourgeoisie Produktionsbedingungen

かれらは、ブルジョアジーの生産条件に対してではなく、攻撃を向ける

aber sie richten ihren Angriff gegen die Produktionsmittel selbst

しかし、彼らは生産手段そのものに攻撃を向ける

Sie vernichten importierte Waren, die mit ihrer Arbeitskraft konkurrieren

彼らは、彼らの労働力と競合する輸入品を破壊します

Sie zertrümmern Maschinen und setzen Fabriken in Brand

彼らは機械を粉々に砕き、工場を燃やします

sie versuchen, den verschwundenen Status des Arbeiters des Mittelalters mit Gewalt wiederherzustellen

かれらは、中世の労働者の消滅した地位を力ずくで回復しようとする

In diesem Stadium bilden die Arbeiter noch eine unzusammenhängende Masse, die über das ganze Land verstreut ist

この段階では、労働者は依然として全国に散らばった支離滅裂な塊を形成している

und sie werden durch ihre gegenseitige Konkurrenz zerrissen

そして、彼らは相互の競争によって分裂します

Wenn sie sich irgendwo zu kompakteren Körpern vereinigen, so ist dies noch nicht die Folge ihrer eigenen aktiven Vereinigung

どこかでそれらが結合してよりコンパクトな体を形成したとしても、これはまだ彼ら自身の活発な結合の結果ではありません

aber es ist eine Folge der Vereinigung der Bourgeoisie, ihre eigenen politischen Ziele zu erreichen

しかし、それはブルジョアジーの団結の結果であり、ブルジョアジー自身の政治的目的を達成するためである

die Bourgeoisie ist gezwungen, das ganze Proletariat in Bewegung zu setzen

ブルジョアジーは、プロレタリアート全体を動かさざるを得ない

und überdies ist die Bourgeoisie eine Zeitlang dazu in der Lage

しかも、当面は、ブルジョアジーはそうすることができる

In diesem Stadium kämpfen die Proletarier also nicht gegen ihre Feinde

したがって、この段階では、プロレタリアは敵と闘わない

Stattdessen kämpfen sie gegen die Feinde ihrer Feinde

しかし、その代わりに、彼らは敵の敵と戦っているのです

Der Kampf gegen die Überreste der absoluten Monarchie und die Großgrundbesitzer

絶対君主制の残党と地主との戦い

sie bekämpfen die nicht-industrielle Bourgeoisie; das Kleiliche Bourgeoisie

彼らは非産業ブルジョアジーと闘う。小ブルジョアジー

So ist die ganze historische Bewegung in den Händen der Bourgeoisie konzentriert

かくして、全歴史的運動はブルジョアジーの手中に集中している

jeder so errungene Sieg ist ein Sieg der Bourgeoisie

こうして得られたすべての勝利は、ブルジョアジーの勝利である

Aber mit der Entwicklung der Industrie wächst nicht nur die Zahl des Proletariats

しかし、産業の発展とともに、プロレタリアートの数が増えるだけではない

das Proletariat konzentriert sich in größeren Massen und seine Kraft wächst

プロレタリアートはより大きな大衆に集中し、その力は増大する

und das Proletariat spürt diese Kraft mehr und mehr

そして、プロレタリアートはますますその強さを感じる

Die verschiedenen Interessen und Lebensbedingungen in den Reihen des Proletariats gleichen sich mehr und mehr an

プロレタリアートの階級におけるさまざまな利害と生活条件は、ますます平等化される

sie werden in dem Maße größer, wie die Maschinerie alle Unterschiede der Arbeit verwischt

それらは、機械が労働のあらゆる区別を消し去るにつれて、より比例するようになる

Und die Maschinen senken fast überall die Löhne auf das gleiche niedrige Niveau

そして、ほぼどこでも機械が賃金を同じ低水準にまで引き下げている

Die wachsende Konkurrenz der Bourgeoisie und die daraus resultierenden Handelskrisen lassen die Löhne der Arbeiter immer schwankender

ブルジョアジー間の競争の激化と、その結果としての商業危機は、労働者の賃金をますます変動させている

Die unaufhörliche Verbesserung der sich immer schneller entwickelnden Maschinen macht ihren Lebensunterhalt immer prekärer

機械の絶え間ない改良は、ますます急速に発展し、彼らの生活をますます不安定にしています

die Kollisionen zwischen einzelnen Arbeitern und einzelnen Bourgeoisien nehmen immer mehr den Charakter von Zusammenstößen zwischen zwei Klassen an

個々の労働者と個々のブルジョアジーとの衝突は、二つの階級のあいだの衝突の性格をますますとっている

Darauf beginnen die Arbeiter, sich gegen die Bourgeoisie zu verbünden (Gewerkschaften)

そこで労働者はブルジョアジーに対して組合せ(労働組合)を形作り始める

Sie schließen sich zusammen, um die Löhne hoch zu halten

彼らは賃金率を維持するために一緒にクラブをします

sie gründeten ständige Vereinigungen, um für diese gelegentlichen Revolten im voraus Vorsorge zu treffen

かれらは、これらの時折の反乱に備えるために恒久的な結社を見つけた

Hier und da bricht der Wettkampf in Ausschreitungen aus
あちこちで争いが暴動に発展

Hin und wieder siegen die Arbeiter, aber nur für eine gewisse Zeit
ときどき労働者は勝利するが、それは一時的なものにすぎない

Die wirkliche Frucht ihrer Kämpfe liegt nicht in den unmittelbaren Ergebnissen, sondern in der immer größer werdenden Vereinigung der Arbeiter
彼らの闘いの真の成果は、目先の結果ではなく、拡大し続ける労働者の組合にある

Diese Vereinigung wird durch die verbesserten Kommunikationsmittel unterstützt, die von der modernen Industrie geschaffen werden
この結合は、近代産業によって生み出された改善されたコミュニケーション手段によって助けられています

Die moderne Kommunikation bringt die Arbeiter verschiedener Orte miteinander in Kontakt
現代のコミュニケーションでは、さまざまな地域の労働者が互いに接触しています

Es war gerade dieser Kontakt, der nötig war, um die zahlreichen lokalen Kämpfe zu einem nationalen Kampf zwischen den Klassen zu zentralisieren
数多くの地方闘争を階級間の一つの民族的闘争に集中させるのに必要だったのは、まさにこの接触であった

Alle diese Kämpfe haben den gleichen Charakter, und jeder Klassenkampf ist ein politischer Kampf
これらの闘争はすべて同じ性格のものであり、すべての階級闘争は政治闘争である

die Bürger des Mittelalters mit ihren elenden Landstraßen brauchten Jahrhunderte, um ihre Vereinigungen zu bilden
中世の市民は、悲惨な高速道路で、組合を形成するのに何世紀もかかりました

Die modernen Proletarier erreichen dank der Eisenbahn ihre Gewerkschaften innerhalb weniger Jahre

現代のプロレタリアは、鉄道のおかげで、数年以内に組合を結成する

Diese Organisation der Proletarier zu einer Klasse formte sie folglich zu einer politischen Partei

プロレタリア階級のこの組織化は、結果的に彼らを政党に形成した

Die politische Klasse wird immer wieder durch die Konkurrenz zwischen den Arbeitern selbst verärgert

政治階級は、労働者同士の競争によって、再び絶えず動揺している

Aber die politische Klasse erhebt sich weiter, stärker, fester, mächtiger

しかし、政治階級は再び立ち上がり、より強く、より堅固に、より強大に立ち上がり続けている

Er zwingt zur gesetzgeberischen Anerkennung der besonderen Interessen der Arbeitnehmer

それは、労働者の特定の利益を立法府が認めることを強制するものである

sie tut dies, indem sie sich die Spaltungen innerhalb der Bourgeoisie selbst zunutze macht

それは、ブルジョアジー自身の間の分裂を利用することによって、これを行う

Damit wurde das Zehnstundengesetz in England in Kraft gesetzt

こうして、イギリスの10時間法案が法制化されました

in vielerlei Hinsicht ist der Zusammenstoß zwischen den Klassen der alten Gesellschaft ferner der Entwicklungsgang des Proletariats

多くの点で、旧社会の階級間の衝突は、さらにプロレタリアートの発展の過程である

Die Bourgeoisie befindet sich in einem ständigen Kampf

ブルジョアジーは絶え間ない戦いに巻き込まれている

Zuerst wird sie sich in einem ständigen Kampf mit der Aristokratie wiederfinden

最初は貴族との絶え間ない戦いに巻き込まれます

später wird sie sich in einem ständigen Kampf mit diesen Teilen der Bourgeoisie selbst wiederfinden

のちに、ブルジョアジー自体のこれらの部分との絶え間ない戦いに巻き込まれることになる

und ihre Interessen werden dem Fortschritt der Industrie entgegengesetzt sein

そして、彼らの利益は産業の進歩に敵対するものになるだろう

zu allen Zeiten werden ihre Interessen mit der Bourgeoisie fremder Länder in Konflikt geraten sein

つねに、かれらの利害は、外国のブルジョアジーと敵対するものとなるであろう

In allen diesen Kämpfen sieht sie sich genötigt, an das Proletariat zu appellieren, und bittet es um Hilfe

これらすべての闘争において、プロレタリアートに訴えざるを得ないと考え、プロレタリアートに助けを求める

Und so wird sie sich gezwungen sehen, sie in die politische Arena zu zerren

それゆえ、政治の場に引きずり込まざるを得ないと感じるだろう

Die Bourgeoisie selbst versorgt also das Proletariat mit ihren eigenen Instrumenten der politischen und allgemeinen Erziehung

したがって、ブルジョアジー自身が、プロレタリアートに独自の政治的および一般教育の手段を供給している

mit anderen Worten, sie liefert dem Proletariat Waffen für den Kampf gegen die Bourgeoisie

言い換えれば、それはプロレタリアートにブルジョアジーと戦うための武器を提供するのである

Ferner werden, wie wir schon gesehen haben, ganze Schichten der herrschenden Klassen in das Proletariat hineingestürzt

さらに、すでに見てきたように、支配階級の全部門がプロレタリアートに沈殿している

der Fortschritt der Industrie saugt sie in das Proletariat hinein

産業の進歩は彼らをプロレタリアートに吸い込む
oder zumindest sind sie in ihren Existenzbedingungen
bedroht
あるいは、少なくとも、彼らはその存在条件において脅
かされている
Diese versorgen auch das Proletariat mit frischen Elementen
der Aufklärung und des Fortschritts
これらはまた、プロレタリアートに啓蒙と進歩の新鮮な
要素を供給する
Endlich, in Zeiten, in denen sich der Klassenkampf der
entscheidenden Stunde nähert
最後に、階級闘争が決定的な時に近づくとき
Der Auflösungsprozess innerhalb der herrschenden Klasse
支配階級の中で進行する解体プロセス
In der Tat wird die Auflösung, die sich innerhalb der
herrschenden Klasse vollzieht, in der gesamten Bandbreite
der Gesellschaft zu spüren sein
実際、支配階級の中で起きている解体は、社会のあらゆ
る範囲で感じられるでしょう
Sie wird einen so gewalttätigen, krassen Charakter
annehmen, dass ein kleiner Teil der herrschenden Klasse
sich selbst abtreibt
それは、支配階級のごく一部が自らを漂流させるほどの
暴力的で、あからさまな性格を帯びるだろう
Und diese herrschende Klasse wird sich der revolutionären
Klasse anschließen
そして、その支配階級は革命階級に加わるだろう
Die revolutionäre Klasse ist die Klasse, die die Zukunft in
ihren Händen hält
革命的階級は、未来をその手に握る階級である
Wie in früheren Zeiten ging ein Teil des Adels zur
Bourgeoisie über
以前の時代と同じように、貴族の一部はブルジョアジー
に寝返った
ebenso wird ein Teil der Bourgeoisie zum Proletariat
übergehen

ブルジョアジーの一部がプロレタリアートに寝返るのと同じように

insbesondere wird ein Teil der Bourgeoisie zu einem Teil der Bourgeoisie Ideologen übergehen

とくに、ブルジョアジーの一部は、ブルジョアジーのイデオロギー論者の一部に渡るであろう

Bourgeoisie Ideologen, die sich auf die Ebene erhoben haben, die historische Bewegung als Ganzes theoretisch zu begreifen

ブルジョアジー・イデオロギーは、歴史運動全体を理論的に理解するレベルにまで高めた

Von allen Klassen, die heute der Bourgeoisie gegenüberstehen, ist das Proletariat allein eine wirklich revolutionäre Klasse

こんにちにブルジョアジーと対峙するすべての階級の中で、プロレタリアートだけがまことに革命的な階級である

Die anderen Klassen zerfallen und verschwinden schließlich im Angesicht der modernen Industrie

他の階級は衰退し、近代産業を前にしてついに消滅する

das Proletariat ist ihr besonderes und wesentliches Produkt

プロレタリアートは、その特別で不可欠な生産物である

Die untere Mittelschicht, der kleine Fabrikant, der Ladenbesitzer, der Handwerker, der Bauer

下層中産階級、小規模製造業者、商店主、職人、農民

all diese Kämpfe gegen die Bourgeoisie

これらすべてがブルジョアジーと闘う

Sie kämpfen als Fraktionen der Mittelschicht, um sich vor dem Aussterben zu retten

彼らは絶滅から自分たちを救うために中産階級の一部分として戦う

Sie sind also nicht revolutionär, sondern konservativ

したがって、彼らは革命的ではなく、保守的です

Ja, mehr noch, sie sind reaktionär, denn sie versuchen, das Rad der Geschichte zurückzudrehen

いや、それどころか、彼らは反動的だ、なぜなら、彼ら
は歴史の歯車を巻き戻そうとしているからだ

Wenn sie zufällig revolutionär sind, so sind sie es nur im
Hinblick auf ihre bevorstehende Überführung in das
Proletariat

もし彼らがたまたま革命的であるとすれば、それはプロ
レタリアートへの差し迫った転向を視野に入れたからに
すぎない

Sie verteidigen also nicht ihre gegenwärtigen, sondern ihre
zukünftigen Interessen

したがって、彼らは現在の利益ではなく、将来の利益を
擁護します

sie verlassen ihren eigenen Standpunkt, um sich auf den des
Proletariats zu stellen

彼らは自らの立場を捨てて、プロレタリアートの立場に
身を置く

Die »gefährliche Klasse«, der soziale Abschaum, diese
passiv verrottende Masse, die von den untersten Schichten
der alten Gesellschaft abgeworfen wird

「危険な階級」、社会のクズ、古い社会の最下層によっ
て放り出された受動的に腐敗した大衆

sie können hier und da von einer proletarischen Revolution
in die Bewegung hineingerissen werden

かれらは、あちこちで、プロレタリア革命によって運動
に押し流されるかもしれない

Seine Lebensbedingungen bereiten ihn jedoch viel mehr auf
die Rolle eines bestochenen Werkzeugs reaktionärer
Intrigen vor

しかし、その生活条件は、賄賂をもらった反動的な陰謀
の道具としての役割をはるかに満たしている

In den Verhältnissen des Proletariats sind die Verhältnisse
der alten Gesellschaft im Allgemeinen bereits praktisch
überschwemmt

プロレタリアートの諸条件では、旧社会一般の諸条件は
、すでに事実上、圧倒されている

Der Proletarier ist ohne Eigentum

プロレタリアは財産をもたない

sein Verhältnis zu Frau und Kindern hat mit den
Familienverhältnissen der Bourgeoisie nichts mehr gemein

彼の妻や子供との関係は、もはやブルジョアジーの家族
関係とは何の共通点もない

moderne industrielle Arbeit, moderne Unterwerfung unter
das Kapital, dasselbe in England wie in Frankreich, in
Amerika wie in Deutschland

近代的産業労働、近代的資本への服従、イギリスでもフ
ランスでも、アメリカでもドイツでも同じ

Seine Stellung in der Gesellschaft hat ihm jede Spur von
nationalem Charakter genommen

社会における彼の状態は、彼から国民性のあらゆる側面
を剥ぎ取った

Gesetz, Moral, Religion sind für ihn so viele Bourgeoisie
Vorurteile

法律、道徳、宗教は、彼にとって非常に多くのブルジョ
アジーの偏見です

und hinter diesen Vorurteilen lauern ebenso viele
Bourgeoisie Interessen

そして、これらの偏見の背後には、多くのブルジョアジ
ーの利益と同じように待ち伏せに潜んでいる

Alle vorhergehenden Klassen, die die Oberhand gewannen,
versuchten, ihren bereits erworbenen Status zu festigen

優位に立った先行するすべての階級は、すでに獲得した
地位を強化しようとしました

Sie taten dies, indem sie die Gesellschaft als Ganzes ihren
Aneignungsbedingungen unterwarfen

彼らは、社会全体を彼らの流用条件に服従させることに
よってこれを行いました

Die Proletarier können nicht Herren der Produktivkräfte der
Gesellschaft werden

プロレタリアは、社会の生産力の主人にはなれない

Sie kann dies nur tun, indem sie ihre eigene bisherige
Aneignungsweise abschafft

これは、以前の流用方法を廃止することによってのみ行うことができます

Und damit hebt sie auch jede andere bisherige Aneignungsweise auf

そして、それによって、それはまた、他のすべての以前の流用様式を廃止する

Sie haben nichts Eigenes zu sichern und zu festigen

彼らには、確保し、強化するものが何もない

Ihre Aufgabe ist es, alle bisherigen Sicherheiten und Versicherungen für individuelles Eigentum zu vernichten

彼らの使命は、個々の財産の以前のすべての証券と保険を破壊することです

Alle bisherigen historischen Bewegungen waren Bewegungen von Minderheiten

それ以前の歴史的運動はすべてマイノリティの運動だった

oder es handelte sich um Bewegungen im Interesse von Minderheiten

あるいは、マイノリティの利益のための運動だった

Die proletarische Bewegung ist die selbstbewusste, selbständige Bewegung der ungeheuren Mehrheit

プロレタリア運動は、圧倒的多数派の自覚的で独立した運動である

Und es ist eine Bewegung im Interesse der großen Mehrheit

そして、それは圧倒的多数の利益のための運動です

Das Proletariat, die unterste Schicht unserer heutigen Gesellschaft

プロレタリアート、現代社会の最下層

Sie kann sich nicht regen oder erheben, ohne daß die ganze übergeordnete Schicht der offiziellen Gesellschaft in die Luft geschleudert wird

それは、公式社会の超現職の階層全体が空中に跳ね出されることなしには、自分自身を攪拌したり、立ち上がらせたりすることはできない

Der Kampf des Proletariats mit der Bourgeoisie ist, wenn auch nicht der Substanz nach, doch zunächst ein nationaler Kampf

プロレタリアートとブルジョアジーとの闘争は、実質的にはそうではないが、形式的には、まず民族闘争である

Das Proletariat eines jeden Landes muss natürlich vor allem mit seiner eigenen Bourgeoisie abrechnen

もちろん、各国のプロレタリアートは、まず第一に自国のブルジョアジーと問題を解決しなければならない

Indem wir die allgemeinsten Phasen der Entwicklung des Proletariats schilderten, verfolgten wir den mehr oder weniger verhüllten Bürgerkrieg

プロレタリアートの発展の最も一般的な段階を描写するにあたって、われわれは多かれ少なかれベールに包まれた内戦をたどった

Diese Zivilgesellschaft wütet in der bestehenden Gesellschaft

この市民は、既存の社会の中で猛威を振るっています

Er wird bis zu dem Punkt wüten, an dem dieser Krieg in eine offene Revolution ausbricht

それは、その戦争が公然たる革命に勃発するところまで激怒するだろう

und dann legt der gewaltsame Sturz der Bourgeoisie die Grundlage für die Herrschaft des Proletariats

そして、ブルジョアジーの暴力的打倒が、プロレタリアートの支配の基礎を築く

Bisher beruhte jede Gesellschaftsform, wie wir bereits gesehen haben, auf dem Antagonismus unterdrückender und unterdrückter Klassen

これまで、社会のあらゆる形態は、すでに見てきたように、抑圧階級と被抑圧階級の対立に基づいてきた

Um aber eine Klasse zu unterdrücken, müssen ihr gewisse Bedingungen zugesichert werden

しかし、階級を抑圧するためには、一定の条件が保証されなければならない

Die Klasse muss unter Bedingungen gehalten werden, unter denen sie wenigstens ihre sklavische Existenz fortsetzen kann

階級は、少なくとも奴隷的な存在を維持できる条件のもとに保たれなければならない

Der Leibeigene erhob sich in der Zeit der Leibeigenschaft zum Mitglied der Kommune

農奴は、農奴制の時代には、コミューンのメンバーにまで上り詰めた

so wie es dem Kleinbourgeoisie unter dem Joch des feudalen Absolutismus gelang, sich zur Bourgeoisie zu entwickeln

小ブルジョアジーが、封建的絶対主義のくびきの下で、なんとかブルジョアジーに発展したように

Der moderne Arbeiter dagegen sinkt, anstatt sich mit dem Fortschritt der Industrie zu erheben, immer tiefer

それどころか、現代の労働者は、産業の進歩とともに上昇するどころか、ますます深く沈んでいく

Er sinkt unter die Existenzbedingungen seiner eigenen Klasse

彼は、自分の階級の存在条件の下に沈む

Er wird ein Bettler, und der Pauperismus entwickelt sich schneller als Bevölkerung und Reichtum

彼は貧乏人になり、貧乏人は人口や富よりも急速に発展します

Und hier zeigt sich, dass die Bourgeoisie nicht mehr geeignet ist, die herrschende Klasse in der Gesellschaft zu sein

そしてここで、ブルジョアジーはもはや社会の支配階級になるのにふさわしくないということが明らかになる

und sie ist ungeeignet, der Gesellschaft ihre Existenzbedingungen als übergeordnetes Gesetz aufzuzwingen

そして、その存在条件を最優先の法律として社会に押し付けるのは不適切です

Sie ist unfähig zu herrschen, weil sie unfähig ist, ihrem Sklaven in seiner Sklaverei eine Existenz zu sichern

なぜなら、奴隷の奴隷状態の中でその存在を保証する能力がないからである

denn sie kann nicht anders, als ihn in einen solchen Zustand sinken zu lassen, daß sie ihn ernähren muss, statt von ihm gefüttert zu werden

なぜなら、それは彼をそのような状態に沈ませずにはいられないからであり、彼によって養われるのではなく、彼を養わなければならないからである

Die Gesellschaft kann nicht länger unter dieser Bourgeoisie leben

社会はもはやこのブルジョアジーの下では生きていけない

Mit anderen Worten, ihre Existenz ist nicht mehr mit der Gesellschaft vereinbar

つまり、その存在はもはや社会と両立しない

Die wesentliche Bedingung für die Existenz und die Herrschaft der Bourgeoisie Klasse ist die Bildung und Vermehrung des Kapitals

ブルジョア階級の存在と支配の本質的条件は、資本の形成と増大である

Die Bedingung für das Kapital ist Lohnarbeit

資本の条件は賃労働である

Die Lohnarbeit beruht ausschließlich auf der Konkurrenz zwischen den Arbeitern

賃労働はもっぱら労働者間の競争に依拠している

Der Fortschritt der Industrie, deren unfreiwilliger Förderer die Bourgeoisie ist, tritt an die Stelle der Isolierung der Arbeiter

ブルジョアジーを非自発的に推進する産業の進歩は、労働者の孤立に取って代わる

durch die Konkurrenz, durch ihre revolutionäre Kombination, durch die Assoziation

競争のせいで、彼らの革命的な組み合わせのせいで、連想のせいで

Die Entwicklung der modernen Industrie schneidet ihr die Grundlage unter den Füßen weg, auf der die Bourgeoisie Produkte produziert und sich aneignet

近代産業の発展は、ブルジョアジーが生産物を生産し、充当する基盤そのものを、その足元から切り捨てる

Was die Bourgeoisie vor allem produziert, sind ihre eigenen Totengräber

ブルジョアジーが生み出すのは、何よりもまず、ブルジョアジー自身の墓掘り人である

Der Sturz der Bourgeoisie und der Sieg des Proletariats sind gleichermaßen unvermeidlich

ブルジョアジーの没落もプロレタリアートの勝利も、等しく必然である

Proletarier und Kommunisten
プロレタリアと共産主義者

In welchem Verhältnis stehen die Kommunisten zu den Proletariern insgesamt?

共産主義者はプロレタリア階級全体に対してどのような関係にあるのか。

Die Kommunisten bilden keine eigene Partei, die anderen Arbeiterparteien entgegengesetzt ist

共産党は、他の労働者階級の政党に対抗する独立した政党を結成していない

Sie haben keine Interessen, die von denen des Proletariats als Ganzes getrennt und getrennt sind

かれらは、プロレタリアート全体の利害から分離し、分離した利害をもたない

Sie stellen keine eigenen sektiererischen Prinzipien auf, nach denen sie die proletarische Bewegung formen und formen könnten

かれらは、プロレタリア運動を形作り、形成するための、彼ら自身のいかなるセクト主義的原則も打ち立てない

Die Kommunisten unterscheiden sich von den anderen Arbeiterparteien nur durch zwei Dinge

共産党が他の労働者階級の政党と区別されるのは、たった二つの点である

Erstens: Sie weisen auf die gemeinsamen Interessen des gesamten Proletariats hin und bringen sie in den Vordergrund, unabhängig von jeder Nationalität

第一に、彼らは、すべての民族とは無関係に、プロレタリアート全体の共通の利益を指摘し、前面に出す

Das tun sie in den nationalen Kämpfen der Proletarier der verschiedenen Länder

かれらは、かれらが、かれらのかれらの民族闘争において、かれらをなすのである

Zweitens vertreten sie immer und überall die Interessen der gesamten Bewegung

第二に、彼らはいつでもどこでも運動全体の利益を代表しています

das tun sie in den verschiedenen Entwicklungsstadien, die
der Kampf der Arbeiterklasse gegen die Bourgeoisie zu
durchlaufen hat

これは、労働者階級のブルジョアジーに対する闘争が通
過しなければならない発展のさまざまな段階において行
われる

Die Kommunisten sind also auf der einen Seite praktisch
der fortschrittlichste und entschiedenste Teil der
Arbeiterparteien eines jeden Landes

したがって、共産党員は、一方では、事実上、すべての
国の労働者階級の政党の中で最も進歩的で断固とした部
分である

Sie sind der Teil der Arbeiterklasse, der alle anderen
vorantreibt

彼らは労働者階級のその部分であり、他のすべてのもの
を推し進めている

Theoretisch haben sie auch den Vorteil, dass sie die
Marschlinie klar verstehen

理論的には、行進のラインを明確に理解できるという利
点もあります

Das verstehen sie besser im Vergleich zu der großen Masse
des Proletariats

このことは、プロレタリアートの大衆に比べれば、より
よく理解できる

Sie verstehen die Bedingungen und die letzten allgemeinen
Ergebnisse der proletarischen Bewegung

かれらは、プロレタリア運動の諸条件と究極的一般的結
果を理解している

Das unmittelbare Ziel des Kommunisten ist dasselbe wie
das aller anderen proletarischen Parteien

共産党の当面の目標は、他のすべてのプロレタリア政党
のそれと同じである

Ihr Ziel ist die Formierung des Proletariats zu einer Klasse

彼らの目的は、プロレタリアートを階級に形成すること
である

sie zielen darauf ab, die Vorherrschaft der Bourgeoisie zu stürzen

彼らはブルジョアジー至上主義の打倒を目指している

das Streben nach politischer Machteroberung durch das Proletariat

プロレタリアートによる政治権力の征服の努力

Die theoretischen Schlußfolgerungen der Kommunisten beruhen in keiner Weise auf Ideen oder Prinzipien der Reformer

共産主義者の理論的結論は、決して改革者の思想や原則に基づいていない

es waren keine Möchtegern-Universalreformer, die die theoretischen Schlussfolgerungen der Kommunisten erfunden oder entdeckt haben

共産主義者の理論的結論を発明したり発見したりしたのは、普遍的な改革者ではなかった

Sie drücken lediglich in allgemeinen Begriffen tatsächliche Verhältnisse aus, die aus einem bestehenden Klassenkampf hervorgehen

それらは、一般的な言葉で、既存の階級闘争から生じる実際の関係を表現しているにすぎない

Und sie beschreiben die historische Bewegung, die sich unter unseren Augen abspielt und die diesen Klassenkampf hervorgebracht hat

そして彼らは、この階級闘争を生み出した、まさに私たちの目の前で起こっている歴史的な運動を描写しています

Die Abschaffung bestehender Eigentumsverhältnisse ist keineswegs ein charakteristisches Merkmal des Kommunismus

既存の所有関係の廃止は、共産主義の特徴ではない

Alle Eigentumsverhältnisse in der Vergangenheit waren einem ständigen historischen Wandel unterworfen

過去のすべての財産関係は、常に歴史的変化の影響を受けてきました

Und diese Veränderungen waren eine Folge der
Veränderung der historischen Bedingungen
そして、これらの変化は、歴史的条件の変化の結果であ
った
Die Französische Revolution zum Beispiel schaffte das
Feudaleigentum zugunsten des Bourgeoisie Eigentums ab
たとえば、フランス革命は、ブルジョアジーの財産を支
持して封建的財産を廃止しました
Das Unterscheidungsmerkmal des Kommunismus ist nicht
die Abschaffung des Eigentums im Allgemeinen
共産主義の際立った特徴は、一般的に財産の廃止ではあ
りません
aber das Unterscheidungsmerkmal des Kommunismus ist
die Abschaffung des Bourgeoisie Eigentums
しかし、共産主義の際立った特徴は、ブルジョアジーの
財産の廃止である
Aber das Privateigentum der modernen Bourgeoisie ist der
letzte und vollständigste Ausdruck des Systems der
Produktion und Aneignung von Produkten
しかし、近代ブルジョアジーの私有財産は、生産物を生
産し、流用するシステムの最終的かつ最も完全な表現で
ある
Es ist der Endzustand eines Systems, das auf
Klassengegensätzen beruht, wobei der
Klassenantagonismus die Ausbeutung der Vielen durch die
Wenigen ist
それは、階級対立に基づくシステムの最終状態であり、
階級対立は少数者による多数者の搾取である
In diesem Sinne läßt sich die Theorie der Kommunisten in
einem einzigen Satz zusammenfassen; die Abschaffung des
Privateigentums
この意味で、共産主義者の理論は一文に要約されるかも
しれません。私有財産の廃止
Uns Kommunisten hat man vorgeworfen, das Recht auf
persönlichen Eigentumserwerb abschaffen zu wollen

われわれ共産党員は、個人的財産取得権を廃止したいという願望をもって非難されてきた

Es wird behauptet, dass diese Eigenschaft die Frucht der eigenen Arbeit eines Menschen ist

この財産は、人間自身の労働の成果であると主張されています

Und diese Eigenschaft soll die Grundlage aller persönlichen Freiheit, Aktivität und Unabhängigkeit sein.

そして、この財産は、すべての個人の自由、活動、独立の基礎であると主張されています。

"Hart erkämpftes, selbst erworbenes, selbst verdientes Eigentum!"

「苦労して手に入れた、自分で手に入れた、自分で稼いだ財産!」

Meinst du das Eigentum des kleinen Handwerkers und des Kleinbauern?

小商人や小農民の所有物のことですか?

Meinen Sie eine Form des Eigentums, die der Bourgeoisie Form vorausging?

ブルジョアジーの形態に先行する財産の形態のことを言っているのですか?

Es ist nicht nötig, sie abzuschaffen, die Entwicklung der Industrie hat sie zum großen Teil bereits zerstört

それを廃止する必要はなく、産業の発展はすでにかなりの程度それを破壊しています

Und die Entwicklung der Industrie zerstört sie immer noch täglich

そして、産業の発展は今もなお日々それを破壊しています

Oder meinen Sie das moderne Bourgeoisie Privateigentum?

それとも、現代のブルジョアジーの私有財産のことですか?

Aber schafft die Lohnarbeit irgendein Eigentum für den Arbeiter?

しかし、賃労働は労働者のために何らかの財産を創造するだろうか。

Nein, die Lohnarbeit schafft nicht ein bisschen von dieser Art von Eigentum!

いや、賃労働はこの種の財産を少しも生み出さない!

Was Lohnarbeit schafft, ist Kapital; jene Art von Eigentum, das Lohnarbeit ausbeutet

賃労働が生み出すのは資本である。賃労働を搾取する財産

Das Kapital kann sich nur unter der Bedingung vermehren, daß es ein neues Angebot an Lohnarbeit für neue Ausbeutung erzeugt

資本は、新たな搾取のための賃労働の新たな供給を生むという条件によらなければ、増加しない

Das Eigentum in seiner jetzigen Form beruht auf dem Antagonismus von Kapital und Lohnarbeit

現在の形態の財産は、資本と賃労働の対立に基づいている

Betrachten wir beide Seiten dieses Antagonismus

この拮抗の両面を調べてみましょう

Kapitalist zu sein bedeutet nicht nur, einen rein persönlichen Status zu haben

資本家であるということは、純粋に個人的な地位を持つことだけではない

Stattdessen bedeutet Kapitalist zu sein auch, einen sozialen Status in der Produktion zu haben

そうではなく、資本家であることは、生産において社会的地位を持つことでもある

weil Kapital ein kollektives Produkt ist; Nur durch das gemeinsame Handeln vieler Mitglieder kann sie in Gang gesetzt werden

なぜなら、資本は集合的な生産物だからです。多くのメンバーの団結した行動によってのみ、それは動き出すことができます

Aber dieses gemeinsame Handeln ist der letzte Ausweg und erfordert eigentlich alle Mitglieder der Gesellschaft

しかし、この団結した行動は最後の手段であり、実際にはすべての社会の構成員が必要です

Das Kapital verwandelt sich in das Eigentum aller Mitglieder der Gesellschaft

資本は社会のすべての構成員の所有物に転換される

aber das Kapital ist also keine persönliche Macht; Es ist eine gesellschaftliche Macht

しかし、それゆえ、資本は人格的な力ではない。それは社会的な力です

Wenn also Kapital in gesellschaftliches Eigentum umgewandelt wird, so verwandelt sich dadurch nicht persönliches Eigentum in gesellschaftliches Eigentum

したがって、資本が社会的所有に転化されるとき、個人所有はそれによって社会的所有に転化されない

Nur der gesellschaftliche Charakter des Eigentums wird verändert und verliert seinen Klassencharakter

変更されるのは財産の社会的性格だけであり、その階級的性格を失う

Betrachten wir nun die Lohnarbeit

次に、賃労働について見てみましょう

Der Durchschnittspreis der Lohnarbeit ist der Mindestlohn, d.h. das Quantum der Lebensmittel

賃労働の平均価格は最低賃金、すなわち生存手段の数量である

Dieser Lohn ist für die bloße Existenz als Arbeiter absolut notwendig

この賃金は、労働者としての最低限の存在において絶対的に必要である

Was sich also der Lohnarbeiter durch seine Arbeit aneignet, genügt nur, um ein bloßes Dasein zu verlängern und zu reproduzieren

それゆえ、賃労働者が自分の労働によって充当するものは、裸の存在を延ばし、再生産するだけで十分である

Wir beabsichtigen keineswegs, diese persönliche
Aneignung der Arbeitsprodukte abzuschaffen
われわれは、この労働生産物の個人的収用を廃止するつ
もりは決してない
eine Aneignung, die für die Erhaltung und Reproduktion
des menschlichen Lebens bestimmt ist
人間の生命の維持と再生産のためになされる充当
Eine solche persönliche Aneignung der Arbeitsprodukte
lässt keinen Überschuss übrig, mit dem man die Arbeit
anderer befehlen könnte
労働生産物のそのような個人的充当は、他人の労働を命
じる余剰を残さない
Alles, was wir beseitigen wollen, ist der erbärmliche
Charakter dieser Aneignung
私たちが取り除きたいのは、この流用の惨めな性格だけ
です
die Aneignung, unter der der Arbeiter lebt, bloß um das
Kapital zu vermehren
労働者が単に資本を増やすためだけに生活する歳出
Er darf nur leben, soweit es das Interesse der herrschenden
Klasse erfordert
彼は、支配階級の利益がそれを必要とする限りにおいて
のみ、生きることを許されている
In der Bourgeoisie Gesellschaft ist die lebendige Arbeit nur
ein Mittel, um die akkumulierte Arbeit zu vermehren
ブルジョアジー社会では、生活労働は蓄積された労働を
増やす手段にすぎない
In der kommunistischen Gesellschaft ist die akkumulierte
Arbeit nur ein Mittel, um die Existenz des Arbeiters zu
erweitern, zu bereichern und zu fördern
共産主義社会では、蓄積された労働は、労働者の存在を
拡大し、富ませ、促進するための手段にすぎない
In der Bourgeoisie Gesellschaft dominiert daher die
Vergangenheit die Gegenwart
したがって、ブルジョアジー社会では、過去が現在を支
配している

In der kommunistischen Gesellschaft dominiert die
Gegenwart die Vergangenheit
共産主義社会では、現在が過去を支配する
In der Bourgeoisie Gesellschaft ist das Kapital unabhängig
und hat Individualität
ブルジョアジー社会では、資本は独立しており、個性が
ある
In der Bourgeoisie Gesellschaft ist der lebende Mensch
abhängig und hat keine Individualität
ブルジョアジー社会では、生きている人間は依存的であ
り、個性を持たない
Und die Abschaffung dieses Zustandes wird von der
Bourgeoisie als Abschaffung der Individualität und Freiheit
bezeichnet!
そして、この状態の廃止は、ブルジョアジーによって、
個性と自由の廃止と呼ばれています。
Und man nennt sie mit Recht die Abschaffung von
Individualität und Freiheit!
そして、それはまさに個性と自由の廃止と呼ばれていま
す。
Der Kommunismus strebt die Abschaffung der Bourgeoisie
Individualität an
共産主義はブルジョアジーの個性の廃絶をめざす
Der Kommunismus strebt die Abschaffung der
Unabhängigkeit der Bourgeoisie an
共産主義はブルジョアジーの独立の廃止を意図している
Die BourgeoisieFreiheit ist zweifellos das, was der
Kommunismus anstrebt
ブルジョアジーの自由は、疑いなく共産主義が目指して
いるものである
unter den gegenwärtigen Bourgeoisie
Produktionsbedingungen bedeutet Freiheit freien Handel,
freien Verkauf und freien Kauf
現在のブルジョアジーの生産条件のもとでは、自由とは
自由貿易、自由な売買を意味する

Aber wenn das Verkaufen und Kaufen verschwindet,
verschwindet auch das freie Verkaufen und Kaufen
しかし、売り買いがなくなると、自由な売りと買いもな
くなります
"Mutige Worte" der Bourgeoisie über den freien Verkauf
und Kauf haben nur eine begrenzte Bedeutung
ブルジョアジーによる自由な売買に関する「勇敢な言葉
」は、限られた意味でしか意味を持たない
Diese Worte haben nur im Gegensatz zu eingeschränktem
Verkauf und Kauf eine Bedeutung
これらの言葉は、制限された売りと買いとは対照的にの
み意味を持ちます
und diese Worte haben nur dann eine Bedeutung, wenn sie
auf die gefesselten Händler des Mittelalters angewandt
werden
そして、これらの言葉は、中世の束縛された商人に当て
はめられたときにのみ意味を持つ
und das setzt voraus, dass diese Worte überhaupt eine
Bedeutung im Bourgeoisie Sinne haben
そしてそれは、これらの言葉がブルジョアジー的な意味
においてさえ意味を持つことを前提としている
aber diese Worte haben keine Bedeutung, wenn sie
gebraucht werden, um sich gegen die kommunistische
Abschaffung des Kaufens und Verkaufens zu wehren
しかし、これらの言葉は、共産主義による売買の廃止に
反対するために使われているときは、何の意味もありま
せん
die Worte haben keine Bedeutung, wenn sie gebraucht
werden, um sich gegen die Abschaffung der Bourgeoisie
Produktionsbedingungen zu wehren
この言葉は、ブルジョアジーの生産条件が廃止されるこ
とに反対するために使われているときには、何の意味も
持たない
und sie haben keine Bedeutung, wenn sie benutzt werden,
um sich gegen die Abschaffung der Bourgeoisie selbst zu
wehren

そして、ブルジョアジーそのものが廃止されることに反対するために利用されているとき、それらは何の意味も持たない

Sie sind entsetzt über unsere Absicht, das Privateigentum abzuschaffen

あなた方は、私有財産を廃止しようとする私たちの意図にぞっとしています

Aber in eurer jetzigen Gesellschaft ist das Privateigentum für neun Zehntel der Bevölkerung bereits abgeschafft

しかし、あなた方の既存の社会では、人口の9割の私有財産はすでに廃止されています

Die Existenz des Privateigentums für einige wenige beruht einzig und allein darauf, dass es in den Händen von neun Zehnteln der Bevölkerung nicht existiert

少数の者のための私有財産の存在は、ひとえに人口の10分の9の手中に私有財産が存在しないことによるものである

Sie werfen uns also vor, daß wir eine Form des Eigentums abschaffen wollen

それゆえ、あなたは、財産の形態を廃止しようとしていると、私たちを非難します

Aber das Privateigentum erfordert für die ungeheure Mehrheit der Gesellschaft die Nichtexistenz jeglichen Eigentums

しかし、私有財産は、社会の圧倒的多数にとって、いかなる財産も存在しないことを要求する

Mit einem Wort, Sie werfen uns vor, daß wir Ihr Eigentum beseitigen wollen

一言で言えば、あなたはあなたの財産を廃止するつもりで私たちを非難します

Und genau so ist es; Ihr Eigentum abzuschaffen, ist genau das, was wir beabsichtigen

そして、それはまさにその通りです。あなたの財産を廃止することは、まさに私たちが意図していることです

Von dem Augenblick an, wo die Arbeit nicht mehr in Kapital, Geld oder Rente verwandelt werden kann

労働が資本、貨幣、地代に転換できなくなった瞬間から

wenn die Arbeit nicht mehr in eine gesellschaftliche Macht umgewandelt werden kann, die monopolisiert werden kann

労働がもはや独占可能な社会的権力に転換できなくなったとき

von dem Augenblick an, wo das individuelle Eigentum nicht mehr in Bourgeoisie Eigentum verwandelt werden kann

個々の所有物がもはやブルジョアジーの所有物に転化できない瞬間から

von dem Augenblick an, wo das individuelle Eigentum nicht mehr in Kapital verwandelt werden kann

個々の財産がもはや資本に転換できない瞬間から

Von diesem Moment an sagst du, dass die Individualität verschwindet

その瞬間から、個性が消えると言うのです

Sie müssen also gestehen, daß Sie mit »Individuum« keine andere Person meinen als die Bourgeoisie

それゆえ、諸君は、「個人」とは、ブルジョアジー以外のいかなる者も意味しないことを告白しなければならない

Sie müssen zugeben, dass es sich speziell auf den Bourgeoisie Eigentümer von Immobilien bezieht

それはとりわけ特性の中流階級の所有者を示すことを告白しなければならない

Diese Person muss in der Tat aus dem Weg geräumt und unmöglich gemacht werden

この人は、実に、道から一掃され、不可能にされなければなりません

Der Kommunismus beraubt niemanden der Macht, sich die Produkte der Gesellschaft anzueignen

共産主義は、社会の生産物を充当する力を誰からも奪わない

Alles, was der Kommunismus tut, ist, ihm die Macht zu nehmen, die Arbeit anderer durch eine solche Aneignung zu unterjochen

共産主義が行うことは、そのような横領によって他者の労働を征服する力を彼から奪うことだけである

Man hat eingewendet, daß mit der Abschaffung des Privateigentums alle Arbeit aufhören werde

私有財産が廃止されれば、すべての仕事がなくなると反対されている

Und dann wird suggeriert, dass uns die universelle Faulheit überwältigen wird

そして、普遍的な怠惰が私たちを追い越すことが示唆されています

Demnach hätte die BourgeoisieGesellschaft schon längst vor lauter Müßiggang vor die Hunde gehen müssen

これによれば、ブルジョアジー社会はとうの昔に、まったくの怠惰によって犬のところに行ってしまったはずである

denn diejenigen ihrer Mitglieder, die arbeiten, erwerben nichts

なぜなら、働いているそのメンバーのものは何も得られないからです

und diejenigen von ihren Mitgliedern, die etwas erwerben, arbeiten nicht

そして、そのメンバーのものは、何かを取得し、動作しません

Der ganze Einwand ist nur ein weiterer Ausdruck der Tautologie

この反論の全体は、トートロジーのもう一つの表現にすぎない

Es kann keine Lohnarbeit mehr geben, wenn es kein Kapital mehr gibt

もはやいかなる資本も存在しないとき、いかなる賃労働も存在し得ない

Es gibt keinen Unterschied zwischen materiellen und mentalen Produkten

物質的生産物と精神的生産物の間に違いはありません

Der Kommunismus schlägt vor, dass beides auf die gleiche Weise produziert wird

共産主義は、これらの両方が同じ方法で生産されることを提案しています

aber die Einwände gegen die kommunistischen Produktionsweisen sind dieselben

しかし、これらを生産する共産主義的様式に対する異議は同じである

Für die Bourgeoisie ist das Verschwinden des Klasseneigentums das Verschwinden der Produktion selbst

ブルジョアジーにとって、階級的所有の消滅は、生産そのものの消滅である

So ist für ihn das Verschwinden der Klassenkultur identisch mit dem Verschwinden aller Kultur

したがって、階級文化の消滅は、彼にとってすべての文化の消滅と同じである

Diese Kultur, deren Verlust er beklagt, ist für die überwiegende Mehrheit ein bloßes Training, um als Maschine zu agieren

彼が嘆くその文化は、大多数の人々にとって、機械として振る舞うための単なる訓練に過ぎない

Die Kommunisten haben die Absicht, die Kultur des Bourgeoisie Eigentums abzuschaffen

共産主義者は、ブルジョアジーの財産文化を廃止する意図が強い

Aber zankt euch nicht mit uns, solange ihr den Maßstab eurer Bourgeoisie Vorstellungen von Freiheit, Kultur, Recht usw. anlegt

しかし、自由、文化、法律などに関するブルジョアジーの観念の基準を適用する限り、私たちと論争しないでください

Eure Ideen selbst sind nur die Auswüchse der Bedingungen eurer Bourgeoisie Produktion und eures Bourgeoisie Eigentums

諸君の観念そのものが、諸君のブルジョアジー生産とブ
ルジョアジー諸財産の諸条件の産物にすぎない

so wie eure Jurisprudenz nichts anderes ist als der Wille
eurer Klasse, der zum Gesetz für alle gemacht wurde

ちょうど、あなたがたの法学が、万人のための法律にさ
れた、あなたの階級の意志にすぎないように

Der wesentliche Charakter und die Richtung dieses Willens
werden durch die ökonomischen Bedingungen bestimmt,
die Ihre soziale Klasse schafft

この意志の本質的な性格と方向性は、あなたの社会階級
が作り出す経済的条件によって決定されます

Der selbstsüchtige Irrtum, der dich veranlaßt, soziale
Formen in ewige Gesetze der Natur und der Vernunft zu
verwandeln

社会形態を自然と理性の永遠の法則に変えるようにあな
たを誘導する利己的な誤解

die gesellschaftlichen Formen, die aus eurer gegenwärtigen
Produktionsweise und Eigentumsform entspringen

あなたの現在の生産様式と財産形態から生じる社会的形
態

historische Beziehungen, die im Fortschritt der Produktion
auf- und verschwinden

生産の進行の中で浮き沈みする歴史的関係

Dieses Missverständnis teilt ihr mit jeder herrschenden
Klasse, die euch vorausgegangen ist

この誤解は、あなた方に先立つすべての支配階級と共有
しています

Was Sie bei antikem Eigentum klar sehen, was Sie bei
feudalem Eigentum zugeben

古代の財産の場合にはっきりと見えるもの、封建的財産
の場合に認めているもの

diese Dinge dürfen Sie natürlich nicht zugeben, wenn es
sich um Ihre eigene BourgeoisieEigentumsform handelt

これらの事柄は、もちろん、あなた自身のブルジョアジー的形態の所有の場合には、認めることを禁じられている

Abschaffung der Familie! Selbst die Radikalsten entrüsten sich über diesen infamen Vorschlag der Kommunisten

家族廃止！最も過激な人々でさえ、共産主義者のこの悪名高い提案に燃え上がった

Auf welcher Grundlage beruht die heutige Familie, die BourgeoisieFamilie?

現在の家族、ブルジョアジー家は、どのような基盤の上に成り立っているのだろうか。

Die Gründung der heutigen Familie beruht auf Kapital und privatem Gewinn

現在の家族の基盤は、資本と私的利益に基づいています

In ihrer voll entwickelten Form existiert diese Familie nur unter der Bourgeoisie

完全に発達した形態では、この家族はブルジョアジーの中にのみ存在します

Dieser Zustand der Dinge findet seine Ergänzung in der praktischen Abwesenheit der Familie bei den Proletariern

この状態は、プロレタリア階級のあいだに家族が事実上不在であることに、その補完を見いだす

Dieser Zustand ist in der öffentlichen Prostitution zu finden

このような状況は、公営売春にも見られます

Die BourgeoisieFamilie wird wie selbstverständlich verschwinden, wenn ihr Komplement verschwindet

ブルジョアジー一家は、その補完物が消滅すれば、当然のように消滅する

Und beides wird mit dem Verschwinden des Kapitals verschwinden

そして、この二つは、資本の消滅とともに消滅するであろう

Werfen Sie uns vor, dass wir die Ausbeutung von Kindern durch ihre Eltern stoppen wollen?

親による子どもの搾取を止めたいと願っている私たちを責めますか?

Diesem Verbrechen bekennen wir uns schuldig

この犯罪に対して、私たちは有罪を認めます

Aber, werden Sie sagen, wir zerstören die heiligsten Beziehungen, wenn wir die häusliche Erziehung durch die soziale Erziehung ersetzen

しかし、家庭教育を社会教育に置き換えると、最も神聖な関係が破壊される、とあなたは言うでしょう

Ist Ihre Erziehung nicht auch sozial? Und wird sie nicht von den gesellschaftlichen Bedingungen bestimmt, unter denen man erzieht?

あなたがたの教育もまた社会的ではないのか。そして、それはあなたがたが教育する社会的条件によって決定されるのではないのか。

durch direkte oder indirekte Eingriffe in die Gesellschaft, durch Schulen usw.

直接的または間接的な社会の介入、学校などによる介入によって。

Die Kommunisten haben die Einmischung der Gesellschaft in die Erziehung nicht erfunden

共産主義者は、教育への社会の介入を発明したのではない

Sie versuchen lediglich, den Charakter dieses Eingriffs zu ändern

彼らは、その介入の性格を変えようとしているに過ぎない

Und sie versuchen, das Bildungswesen vor dem Einfluss der herrschenden Klasse zu retten

そして、彼らは支配階級の影響から教育を救おうとしています

Die Bourgeoisie spricht von der geheiligten Beziehung von Eltern und Kind

親と子の神聖な共関係についてのブルジョアジーの話

aber dieses Geschwätz über die Familie und die Erziehung
wird um so widerwärtiger, wenn wir die moderne Industrie
betrachten

しかし、家族と教育に関するこの拍手屏風は、現代の産
業を見ると、いっそう嫌なものになります

Alle Familienbande unter den Proletariern werden durch die
moderne Industrie zerrissen

プロレタリア階級の家族の絆は、近代産業によって引き
裂かれている

ihre Kinder werden zu einfachen Handelsartikeln und
Arbeitsinstrumenten

彼らの子供たちは、単純な商売道具や労働道具に変えら
れる

Aber ihr Kommunisten würdet eine Gemeinschaft von
Frauen schaffen, schreit die ganze Bourgeoisie im Chor

しかし、あなた方共産主義者は、女性の共同体をつくり
だすだろう、とブルジョアジー全体が大合唱して叫ぶ

Die Bourgeoisie sieht in seiner Frau ein bloßes
Produktionsinstrument

ブルジョアジーは、妻を単なる生産道具とみなしている

Er hört, dass die Produktionsmittel von allen ausgebeutet
werden sollen

彼は、生産の道具はすべての人によって搾取されるべき
であると聞いています

Und natürlich kann er zu keinem anderen Schluß kommen,
als daß das Los, allen gemeinsam zu sein, auch den Frauen
zufallen wird

そして、当然のことながら、彼は、すべての人に共通す
る多くの存在が同様に女性に落ちるという結論にしか至
り得ません

Er hat nicht einmal den geringsten Verdacht, dass es in
Wirklichkeit darum geht, die Stellung der Frau als bloße
Produktionsinstrumente abzuschaffen

彼は、本当の意味は、単なる生産道具としての女性の地
位をなくすことにあるという疑念さえ持っていない

Im übrigen ist nichts lächerlicher als die tugendhafte
Empörung unserer Bourgeoisie über die Gemeinschaft der
Frauen

残りの人々にとって、女性の共同体に対するわがブルジ
ョアジーの高潔な憤慨ほどばかげたものはない

sie tun so, als ob sie von den Kommunisten offen und
offiziell eingeführt werden sollte

彼らは、それが共産主義者によって公然と公式に確立さ
れるふりをしている

Die Kommunisten haben es nicht nötig, die Gemeinschaft
der Frauen einzuführen, sie existiert fast seit undenklichen
Zeiten

共産主義者は女性のコミュニティを導入する必要はなく
、それはほとんど太古の昔から存在していました

Unsere Bourgeoisie begnügt sich nicht damit, die Frauen
und Töchter ihrer Proletarier zur Verfügung zu haben

わがブルジョアジーは、プロレタリアの妻や娘を自由に
使えることに満足していない

Sie haben das größte Vergnügen daran, ihre Frauen
gegenseitig zu verführen

彼らはお互いの妻を誘惑することに最大の喜びを感じま
す

Und das ist noch nicht einmal von gewöhnlichen
Prostituierten zu sprechen

そして、それは一般的な売春婦について話すことではあ
りません

Die BourgeoisieEhe ist in Wirklichkeit ein System
gemeinsamer Ehefrauen

ブルジョアジーの結婚は、現実には共通の妻の制度であ
る

dann gibt es eine Sache, die man den Kommunisten
vielleicht vorwerfen könnte

そして、共産主義者が非難されるかもしれないことが一
つある

Sie wollen eine offen legalisierte Gemeinschaft von Frauen
einführen

彼らは、公然と合法化された女性のコミュニティを導入
することを望んでいます

statt einer heuchlerisch verhüllten Gemeinschaft von Frauen

偽善的に隠された女性のコミュニティではなく

Die Gemeinschaft der Frauen, die aus dem
Produktionssystem hervorgegangen ist

生産システムから生まれた女性の共同体

Schafft das Produktionssystem ab, und ihr schafft die
Gemeinschaft der Frauen ab

生産制度を廃止し、女性の共同体を廃止せよ

Sowohl die öffentliche Prostitution als auch die private
Prostitution wird abgeschafft

公営売春も私娼も廃止

Den Kommunisten wird noch dazu vorgeworfen, sie wollten
Länder und Nationalitäten abschaffen

共産主義者は、国家と民族を廃止したいと願うことで、
さらに非難される

Die Arbeiter haben kein Vaterland, also können wir ihnen
nicht nehmen, was sie nicht haben

労働者には国がないので、彼らが持っていないものを彼
らから奪うことはできません

Das Proletariat muss vor allem die politische Herrschaft
erlangen

プロレタリアートは、まず第一に政治的優越性を獲得し
なければならない

Das Proletariat muss sich zur führenden Klasse der Nation
erheben

プロレタリアートは、国家の指導的階級にならなければ
ならない

Das Proletariat muss sich zur Nation konstituieren

プロレタリアートは、それ自身を国家として構成しなけ
ればならない

sie ist bis jetzt selbst national, wenn auch nicht im
Bourgeoisie Sinne des Wortes

それは、これまでのところ、それ自体が国民的であるが、ブルジョアジー的な意味でのものではない

Nationale Unterschiede und Gegensätze zwischen den Völkern verschwinden täglich mehr und mehr

民族間の国家間の相違と敵対関係は、日々ますます消滅しています

der Entwicklung der Bourgeoisie, der Freiheit des Handels, des Weltmarktes

ブルジョアジーの発展、商業の自由、世界市場の発展のために

zur Gleichförmigkeit der Produktionsweise und der ihr entsprechenden Lebensbedingungen

生産様式とそれに対応する生活条件の均一性

Die Herrschaft des Proletariats wird sie noch schneller verschwinden lassen

プロレタリアートの優越性は、彼らをいっそう早く消滅させるだろう

Die einheitliche Aktion, wenigstens der führenden zivilisierten Länder, ist eine der ersten Bedingungen für die Befreiung des Proletariats

少なくとも主要な文明国の団結した行動は、プロレタリアート解放の第一条件の一つである

In dem Maße, wie der Ausbeutung eines Individuums durch ein anderes ein Ende gesetzt wird, wird auch der Ausbeutung einer Nation durch eine andere ein Ende gesetzt.

ある個人が別の個人によって搾取されることに比例して、ある国が別の国によって搾取されることも、

In dem Maße, wie der Antagonismus zwischen den Klassen innerhalb der Nation verschwindet, wird die Feindschaft einer Nation gegen die andere ein Ende haben

国内の階級間の対立が消えるのに比例して、ある民族から別の民族への敵意は終わりを告げるであろう

Die Anschuldigungen gegen den Kommunismus, die von einem religiösen, philosophischen und allgemein von einem ideologischen Standpunkt aus erhoben werden, verdienen keine ernsthafte Prüfung

宗教的、哲学的、そして一般的にはイデオロギー的見地からなされた共産主義に対する非難は、真剣に検討するに値しない

Braucht es eine tiefe Intuition, um zu begreifen, dass sich die Ideen, Ansichten und Vorstellungen des Menschen mit jeder Veränderung der Bedingungen seiner materiellen Existenz ändern?

人間の考え、見解、概念が、物質的存在の状態が変化するたびに変化するということを理解するには、深い直観が必要ですか?

Ist es nicht offensichtlich, dass das Bewusstsein des Menschen sich Verändert, wenn seine sozialen Beziehungen und sein soziales Leben ändern?

人間の社会関係や社会生活が変われば、人間の意識も変わるのは明らかではないでしょうか。

Was beweist die Ideengeschichte anderes, als daß die geistige Produktion ihren Charakter in dem Maße ändert, wie die materielle Produktion verändert wird?

思想史が証明しているのは、知的生産が物質的生産が変化すれば、それに比例してその性格も変化するということである。

Die herrschenden Ideen eines jeden Zeitalters waren immer die Ideen seiner herrschenden Klasse

各時代の支配思想は、つねに支配階級の思想であった

Wenn Menschen von Ideen sprechen, die die Gesellschaft revolutionieren, drücken sie nur eine Tatsache aus

人々が社会に革命を起こすアイデアについて語るとき、彼らは一つの事実を表現しているに過ぎない

Innerhalb der alten Gesellschaft wurden die Elemente einer neuen geschaffen

古い社会の中で、新しい社会の要素が創造されました

und daß die Auflösung der alten Ideen mit der Auflösung der alten Daseinsverhältnisse Schritt hält

そして、古い考えの解体は、古い存在条件の解消と歩調を合わせている

Als die Antike in den letzten Zügen lag, wurden die alten Religionen vom Christentum überwunden

古代世界が最後の苦しみにあったとき、古代の宗教はキリスト教に打ち負かされました

Als die christlichen Ideen im 18. Jahrhundert den rationalistischen Ideen erlagen, kämpfte die feudale Gesellschaft ihren Todeskampf mit der damals revolutionären Bourgeoisie

18世紀にキリスト教の思想が合理主義の思想に屈したとき、封建社会は当時の革命的ブルジョアジーと死闘を繰り広げた

Die Ideen der Religions- und Gewissensfreiheit brachten lediglich die Herrschaft des freien Wettbewerbs auf dem Gebiet des Wissens zum Ausdruck

信教の自由と良心の自由という考えは、知識の領域における自由競争の影響力を表現したに過ぎない

"Zweifellos", wird man sagen, "sind religiöse, moralische, philosophische und juristische Ideen im Laufe der geschichtlichen Entwicklung modifiziert worden"

「疑いなく」と言われるだろう、「宗教的、道徳的、哲学的、法的な考えは、歴史的発展の過程で修正されてきた」

"Aber Religion, Moralphilosophie, Politikwissenschaft und Recht überlebten diesen Wandel ständig."

「しかし、宗教、道徳哲学、政治学、法学は、常にこの変化を生き延びてきた」

"Es gibt auch ewige Wahrheiten, wie Freiheit, Gerechtigkeit usw."

「自由、正義などの永遠の真理もあります」

"Diese ewigen Wahrheiten sind allen Zuständen der Gesellschaft gemeinsam"

「これらの永遠の真理は、社会のすべての状態に共通しています」

"Aber der Kommunismus schafft die ewigen Wahrheiten ab, er schafft alle Religion und alle Moral ab."

「しかし、共産主義は永遠の真理を廃止し、すべての宗教とすべての道徳を廃止する」

"Sie tut dies, anstatt sie auf einer neuen Grundlage zu konstituieren"

「新しい基準でそれらを構成する代わりに、これを行う」

"Sie handelt daher im Widerspruch zu allen bisherigen historischen Erfahrungen"

「それゆえ、それは過去のすべての歴史的経験と矛盾して行動する」

Worauf reduziert sich dieser Vorwurf?

この非難は何に還元されるのでしょうか？

Die Geschichte aller vergangenen Gesellschaften hat in der Entwicklung von Klassengegensätzen bestanden

過去のすべての社会の歴史は、階級対立の発展から成り立ってきた

Antagonismen, die in verschiedenen Epochen unterschiedliche Formen annahmen

異なる時代に異なる形態をとった拮抗

Aber welche Form sie auch immer angenommen haben mögen, eine Tatsache ist allen vergangenen Zeitaltern gemeinsam

しかし、彼らがどのような形をとったにせよ、過去のすべての時代に共通する事実が1つあります

die Ausbeutung eines Teils der Gesellschaft durch den anderen

社会のある部分が他の部分を搾取すること

Kein Wunder also, dass sich das gesellschaftliche Bewußtsein vergangener Zeiten innerhalb gewisser allgemeiner Formen oder allgemeiner Vorstellungen bewegt

それゆえ、過去の時代の社会意識が、ある種の共通の形態、あるいは一般的な観念の中で動いているのも不思議ではない

(und das trotz aller Vielfalt und Vielfalt, die es zeigt)

(そしてそれは、それが表示するすべての多様性と多様性にもかかわらずです)

Und diese können nur mit dem gänzlichen Verschwinden der Klassengegensätze völlig verschwinden

そして、これらは、階級的対立の完全な消滅なしには、完全に消滅することはできない

Die kommunistische Revolution ist der radikalste Bruch mit den traditionellen Eigentumsverhältnissen

共産主義革命は、伝統的な財産関係の最も根本的な断絶である

Kein Wunder, dass ihre Entwicklung den radikalsten Bruch mit den traditionellen Vorstellungen mit sich bringt

その発展が伝統的な考えとの最も根本的な断絶を伴うのも不思議ではありません

Aber lassen wir die Einwände der Bourgeoisie gegen den Kommunismus hinter uns

しかし、共産主義に対するブルジョアジーの異議申し立てはこれで終わりにしよう

Wir haben oben den ersten Schritt der Arbeiterklasse in der Revolution gesehen

われわれは以上、労働者階級による革命の第一段階を見た

Das Proletariat muss zur Herrschaft erhoben werden, um den Kampf der Demokratie zu gewinnen

プロレタリアートは、民主主義の戦いに勝つために、支配的な地位に引き上げられなければならない

Das Proletariat wird seine politische Vorherrschaft benutzen, um der Bourgeoisie nach und nach alles Kapital zu entreißen

プロレタリアートは、その政治的優越性を利用して、ブルジョアジーからすべての資本を少しずつ奪い取るであろう

sie wird alle Produktionsmittel in den Händen des Staates zentralisieren

それは、すべての生産手段を国家の手に集中させるであろう

Mit anderen Worten, das Proletariat organisierte sich als herrschende Klasse

言い換えれば、プロレタリアートは支配階級として組織された

Und sie wird die Summe der Produktivkräfte so schnell wie möglich vermehren

そして、生産力の総量を可能な限り急速に増やすであろう

Natürlich kann dies anfangs nur durch despotische Eingriffe in die Eigentumsrechte geschehen

もちろん、初めのうちは、これは専制的な財産権の侵害によってのみ実現することはできない

und sie muss unter den Bedingungen der Bourgeoisie Produktion erreicht werden

そして、それはブルジョアジー生産の条件で達成されなければならない

Sie wird also durch Maßnahmen erreicht, die wirtschaftlich unzureichend und unhaltbar erscheinen

したがって、それは経済的に不十分で維持できないように見える手段によって達成されます

aber diese Mittel überflügeln sich im Laufe der Bewegung selbst

しかし、これらの手段は、運動の過程で、それ自体を凌駕します

sie erfordern weitere Eingriffe in die alte Gesellschaftsordnung

それらは、古い社会秩序にさらに侵入することを必要とする

und sie sind unvermeidlich, um die Produktionsweise völlig zu revolutionieren

そして、それらは生産様式を全面的に革命する手段として避けられない

Diese Maßnahmen werden natürlich in den verschiedenen Ländern unterschiedlich sein

もちろん、これらの措置は国によって異なります

Nichtsdestotrotz wird in den am weitesten fortgeschrittenen Ländern das Folgende ziemlich allgemein anwendbar sein

それにもかかわらず、最も先進国では、以下がかなり一般的に適用されます

1. Abschaffung des Grundeigentums und Verwendung aller Grundrenten für öffentliche Zwecke.

1. 土地の財産を廃止し、すべての土地の賃貸料を公共目的に充てること。

2. Eine hohe progressive oder abgestufte Einkommensteuer.

2.重い累進所得税または累進所得税。

3. Abschaffung jeglichen Erbrechts.

3. 相続権の廃止

4. Konfiskation des Eigentums aller Emigranten und Rebellen.

4. すべての移民と反逆者の財産の没収。

5. Zentralisierung des Kredits in den Händen des Staates durch eine Nationalbank mit staatlichem Kapital und ausschließlichem Monopol.

5. 国家資本と独占的独占を有する国立銀行による国家の手中への信用の集中化。

6. Zentralisierung der Kommunikations- und Transportmittel in den Händen des Staates.

6. 通信手段と輸送手段を国家の手に集中化すること。

7. Ausbau der Fabriken und Produktionsmittel im Eigentum des Staates

7. 国家所有の工場及び生産手段の拡張

die Kultivierung von Ödland und die Verbesserung des Bodens überhaupt nach einem gemeinsamen Plan.

荒れ地の耕作と、一般的な計画に従った土壌の改良。

8. Gleiche Haftung aller für die Arbeit

8. 労働に対するすべての人の平等な責任

Aufbau von Industriearmeen, vor allem für die
Landwirtschaft.
特に農業のための産業軍隊の設立。
9. Kombination der Landwirtschaft mit dem verarbeitenden
Gewerbe
9. 農業と製造業の融合
allmähliche Aufhebung der Unterscheidung zwischen Stadt
und Land durch eine gleichmäßigere Verteilung der
Bevölkerung über das Land.
町と田舎の区別を徐々に廃止し、全国の人口のより公平
な分配によって。
10. Kostenlose Bildung für alle Kinder in öffentlichen
Schulen.
10.公立学校のすべての子供のための無料の教育。
Abschaffung der Kinderfabrikarbeit in ihrer jetzigen Form
現在の形態の児童工場労働の廃止
Kombination von Bildung und industrieller Produktion
教育と工業生産の融合
Wenn im Laufe der Entwicklung die Klassenunterschiede
verschwunden sind
発展の過程で、階級の区別がなくなったとき
und wenn die ganze Produktion in den Händen einer
ungeheuren Assoziation der ganzen Nation konzentriert ist
そして、すべての生産が全国民の広大な協会の手に集中
したとき
dann verliert die Staatsgewalt ihren politischen Charakter
そうなれば、公権力は政治的性格を失うだろう
Politische Macht, eigentlich so genannt, ist nichts anderes
als die organisierte Macht einer Klasse, um eine andere zu
unterdrücken
政治権力とは、正しくはそう呼ばれているが、ある階級
が他の階級を抑圧するための組織化された権力にすぎな
い
Wenn das Proletariat in seinem Kampf mit der Bourgeoisie
durch die Gewalt der Umstände gezwungen ist, sich als
Klasse zu organisieren

もしプロレタリアートがブルジョアジーとの争いの最中に、状況の力によって階級として組織せざるを得ないならば、

wenn sie sich durch eine Revolution zur herrschenden Klasse macht

もし、革命によって、自らを支配階級にするならば

und als solche fegt sie mit Gewalt die alten Produktionsbedingungen hinweg

そして、そのようにして、それは力ずくで古い生産条件を一掃します

dann wird sie mit diesen Bedingungen auch die Bedingungen für die Existenz der Klassengegensätze und der Klassen überhaupt hinweggefegt haben

そうすれば、これらの条件とともに、階級対立と階級一般の存在条件を一掃することになる

und wird damit seine eigene Vorherrschaft als Klasse aufgehoben haben.

そして、それによって階級としての自己の優越性を廃止するであろう。

An die Stelle der alten Bourgeoisie Gesellschaft mit ihren Klassen und Klassengegensätzen treten eine Assoziation

階級と階級対立をもった古いブルジョアジー社会にかわって、われわれは結社をもつであろう

eine Assoziation, in der die freie Entwicklung eines jeden die Bedingung für die freie Entwicklung aller ist

各々の自由な発展が、すべての人の自由な発展の条件である連合

1) Reaktionärer Sozialismus
1)反動的社会主義

a) Feudaler Sozialismus
a) 封建的社会主義

die Aristokratien Frankreichs und Englands hatten eine einzigartige historische Stellung

フランスとイギリスの貴族階級は、独自の歴史的位置を占めていました

es wurde zu ihrer Berufung, Pamphlete gegen die moderne Boureoisie Gesellschaft zu schreiben

近代ブルジョアジー社会に反対するパンフレットを書くことが彼らの職業となった

In der französischen Revolution vom Juli 1830 und in der englischen Reformagitation

1830年7月のフランス革命とイギリスの改革扇動

Diese Aristokratien erlagen wieder dem hasserfüllten Emporkömmling

これらの貴族階級は、再び憎むべき成り上がり者に屈した

An eine ernsthafte politische Auseinandersetzung war fortan nicht mehr zu denken

それ以来、真剣な政治闘争は全く問題外となった

Alles, was möglich blieb, war eine literarische Schlacht, keine wirkliche Schlacht

残されたのは文学的な戦いだけで、実際の戦いではなかった

Aber auch auf dem Gebiet der Literatur waren die alten Schreie der Restaurationszeit unmöglich geworden

しかし、文学の領域においてさえ、王政復古期の古い叫びは不可能になっていた

Um Sympathie zu erregen, mußte die Aristokratie offenbar ihre eigenen Interessen aus den Augen verlieren

同情を呼び起こすために、貴族階級は、明らかに、自分たちの利益を見失わざるを得なかった

und sie waren gezwungen, ihre Anklage gegen die Bourgeoisie im Interesse der ausgebeuteten Arbeiterklasse zu formulieren

そして彼らは、搾取された労働者階級の利益のために、ブルジョアジーに対する告発を策定する義務を負った

So rächte sich die Aristokratie, indem sie ihren neuen Herrn verspottete

こうして貴族たちは、新しい主人に悪口を歌うことで復讐を果たした

Und sie rächten sich, indem sie ihm unheimliche Prophezeiungen über die kommende Katastrophe ins Ohr flüsterten

そして、彼らは彼の耳元で来るべき破局の不吉な予言をささやくことによって復讐を果たした

So entstand der feudale Sozialismus: halb Klage, halb Spott

このようにして封建的社会主義が生まれた:半分は嘆き、半分は風刺

Es klang halb wie ein Echo der Vergangenheit und projizierte halb die Bedrohung der Zukunft

それは半分は過去の反響のように鳴り響き、半分は未来の脅威を映し出していた

zuweilen traf sie durch ihre bittere, geistreiche und scharfe Kritik die Bourgeoisie bis ins Mark

時には、その辛辣で機知に富んだ鋭い批評によって、ブルジョアジーの心を揺さぶった

aber es war immer lächerlich in seiner Wirkung, weil es völlig unfähig war, den Gang der neueren Geschichte zu begreifen

しかし、それは、近代史の行進を理解する完全な無能力によって、その効果において常に滑稽なものであった

Die Aristokratie schwenkte, um das Volk um sich zu scharen, den proletarischen Almosensack als Banner

貴族階級は、民衆を彼らに結集させるために、プロレタリアの施し袋を前に振って旗を掲げた

Aber das Volk, so oft es sich zu ihnen gesellte, sah auf seinem Hinterteil die alten Feudalwappen

しかし、民衆は、しばしば彼らに加わると、彼らの後ろに古い封建的な紋章を見た

Und sie verließen mit lautem und respektlosem Gelächter

そして、彼らは大声で不遜な笑い声をあげて逃げ出した

Ein Teil der französischen Legitimisten und des "jungen Englands" zeigte dieses Schauspiel

フランスの正統派と「若いイングランド」の一部は、この光景を呈した

die Feudalisten wiesen darauf hin, dass ihre Ausbeutungsweise eine andere sei als die der Bourgeoisie

封建主義者は、彼らの搾取の様式がブルジョアジーのそれとは異なることを指摘した

Die Feudalisten vergessen, dass sie unter ganz anderen Umständen und Bedingungen ausgebeutet haben

封建主義者は、まったく異なる状況と条件の下で搾取したことを忘れています

Und sie haben nicht bemerkt, dass solche Methoden der Ausbeutung heute veraltet sind

そして、彼らはそのような搾取の方法が今や時代遅れであることに気づかなかったのです

Sie zeigten, dass unter ihrer Herrschaft das moderne Proletariat nie existiert hat

彼らは、彼らの支配下では、現代のプロレタリアートは決して存在しなかったことを示した

aber sie vergessen, daß die moderne Bourgeoisie der notwendige Sprößling ihrer eigenen Gesellschaftsform ist

しかし、彼らは、現代のブルジョアジーが、彼ら自身の社会形態の必然的な子孫であることを忘れている

Im übrigen verbergen sie kaum den reaktionären Charakter ihrer Kritik

それ以外の部分については、彼らは批判の反動的な性格をほとんど隠そうとしない

ihre Hauptanklage gegen die Bourgeoisie läuft auf folgendes hinaus

ブルジョアジーに対する彼らの主な非難は、次のようになる

unter dem Boureoisie Regime entwickelt sich eine soziale Klasse

ブルジョアジー体制のもとで、社会階級が発展しつつある

Diese soziale Klasse ist dazu bestimmt, die alte Gesellschaftsordnung an der Wurzel zu zerschneiden

この社会階級は、社会の古い秩序を根こそぎ切り裂き、枝分かれさせる運命にある

Womit sie die Bourgeoisie aufpeppen, ist nicht so sehr, dass sie ein Proletariat schafft

彼らがブルジョアジーを褒め称えるのは、それがプロレタリアートを生み出すことではない

womit sie die Bourgeoisie aufpeppen, ist mehr, dass sie ein revolutionäres Proletariat schafft

かれらがブルジョアジーをたたきつけるのは、革命的プロレタリアートをつくりだすということである

In der politischen Praxis beteiligen sie sich daher an allen Zwangsmaßnahmen gegen die Arbeiterklasse

それゆえ、政治的実践において、彼らは労働者階級に対するあらゆる強制的措置に加わるのである

Und im gewöhnlichen Leben bücken sie sich, trotz ihrer hochtrabenden Phrasen, um die goldenen Äpfel aufzuheben, die vom Baum der Industrie fallen gelassen wurden

そして、普段の生活では、高尚なフレーズにもかかわらず、産業の木から落ちた金のリンゴを拾うために身をかがめます

Und sie tauschen Wahrheit, Liebe und Ehre gegen den Handel mit Wolle, Rote-Bete-Zucker und Kartoffelbränden

そして、彼らは真実、愛、名誉を羊毛、甜菜糖、ジャガ
イモの蒸留酒の商売と交換する

Wie der Pfarrer immer Hand in Hand mit dem Gutsherrn
gegangen ist, so ist es der klerikale Sozialismus mit dem
feudalen Sozialismus getan

牧師が地主と手を携えて歩んできたように、聖職者社会
主義と封建的社会主義もそうであった

Nichts ist leichter, als der christlichen Askese einen
sozialistischen Anstrich zu geben

キリスト教の禁欲主義に社会主義的な色合いを与えるこ
とほど簡単なことはありません

Hat nicht das Christentum gegen das Privateigentum, gegen
die Ehe, gegen den Staat deklamiert?

キリスト教は、私有財産、結婚、国家に反対したのでは
ないだろうか。

Hat das Christentum nicht an die Stelle dieser
Nächstenliebe und Armut getreten?

キリスト教は、これらの慈善と貧困の代わりに説教した
のではないだろうか。

Predigt das Christentum nicht den Zölibat und die Abtötung
des Fleisches, das monastische Leben und die Mutter
Kirche?

キリスト教は、肉の独身と苦行、修道生活、母なる教会
を説いているのではないでしょうか。

Der christliche Sozialismus ist nur das Weihwasser, mit dem
der Priester das Herzbrennen des Aristokraten weiht

キリスト教社会主義は、聖職者が貴族の心の燃え上がり
を聖別するための聖水にすぎない

b) Kleinbürgerlicher Sozialismus
b) 小ブルジョア社会主義

Die feudale Aristokratie war nicht die einzige Klasse, die von der Bourgeoisie ruiniert wurde
ブルジョアジーによって破滅させられた階級は封建貴族だけではなかった

sie war nicht die einzige Klasse, deren Existenzbedingungen in der Atmosphäre der modernen Bourgeoisie Gesellschaft schmachten und zugrunde gingen
近代ブルジョアジー社会の雰囲気の中で生存条件が固まり、消滅した階級は、それだけではなかった

Die mittelalterliche Bürgerschaft und die kleinbäuerlichen Eigentümer waren die Vorläufer des modernen Bourgeoisie
中世の領主と小農民は、近代ブルジョアジーの先駆者であった

In den Ländern, die industriell und kommerziell nur wenig entwickelt sind, vegetieren diese beiden Klassen noch Seite an Seite
工業的にも商業的にもほとんど発展していない国々では、この2つの階級がいまだに隣り合って植生している

und in der Zwischenzeit erhebt sich die Bourgeoisie neben ihnen: industriell, kommerziell und politisch
そしてその間、ブルジョアジーは、産業的にも、商業的にも、政治的にも、彼らの隣で立ち上がる

In den Ländern, in denen die moderne Zivilisation voll entwickelt ist, hat sich eine neue Klasse des Kleinbourgeoisie gebildet
近代文明が十分に発達した国々では、新しい階級の小ブルジョアジーが形成された

diese neue soziale Klasse schwankt zwischen Proletariat und Bourgeoisie
この新しい社会階級は、プロレタリアートとブルジョアジーの間で揺れ動く

und sie erneuert sich ständig als ergänzender Teil der Bourgeoisie Gesellschaft

そして、それはブルジョアジー社会の補助的な部分とし
て絶えず更新されつつある

Die einzelnen Glieder dieser Klasse aber werden
fortwährend in das Proletariat hinabgeschleudert

しかし、この階級の個々の構成員は、絶えずプロレタリ
アートに投げ落とされている

sie werden vom Proletariat durch die Einwirkung der
Konkurrenz aufgesaugt

彼らは競争の作用によってプロレタリアートに吸い上げ
られる

In dem Maße, wie sich die moderne Industrie entwickelt,
sehen sie sogar den Augenblick herannahen, in dem sie als
eigenständiger Teil der modernen Gesellschaft völlig
verschwinden wird

近代産業が発展するにつれて、彼らは現代社会の独立し
た部分として完全に消滅する瞬間が近づいているとさえ
見ています

Sie werden in der Manufaktur, in der Landwirtschaft und
im Handel durch Aufseher, Gerichtsvollzieher und Krämer
ersetzt werden

彼らは、製造業、農業、商業において、監督者、廷吏、
商店員に取って代わられるでしょう

In Ländern wie Frankreich, wo die Bauern weit mehr als die
Hälfte der Bevölkerung ausmachen

フランスのような国では、農民が人口の半分以上を占め
ています

es war natürlich, dass es Schriftsteller gab, die sich auf die
Seite des Proletariats gegen die Bourgeoisie stellten

ブルジョアジーに対してプロレタリアートに味方した作
家がいるのは当然のことだった

in ihrer Kritik am Bourgeoisie Regime benutzten sie den
Maßstab des Bauern- und Kleinbourgeoisie

ブルジョアジー体制を批判するにあたって、かれらは農
民と小ブルジョアジーの基準を利用した

Und vom Standpunkt dieser Zwischenklassen aus ergreifen
sie die Keule für die Arbeiterklasse

そして、これらの中間階級の立場から、彼らは労働者階級のために棍棒を取り上げます

So entstand der Kleinbourgeoisie Sozialismus, dessen Haupt Sismondi nicht nur in Frankreich, sondern auch in England war

こうして小ブルジョアジー社会主義が勃発し、シスモンディはフランスだけでなくイギリスでもこの学派の長であった

Diese Schule des Sozialismus sezierte mit großer Schärfe die Widersprüche in den Bedingungen der modernen Produktion

この社会主義学派は、近代的生産条件の矛盾を非常に鋭く解剖した

Diese Schule entlarvte die heuchlerischen Entschuldigungen der Ökonomen

この学派は、経済学者の偽善的な謝罪を暴露した

Diese Schule bewies unwiderlegbar die verheerenden Auswirkungen der Maschinerie und der Arbeitsteilung

この学校は、議論の余地なく、機械と分業の悲惨な影響を証明しました

Es bewies die Konzentration von Kapital und Grund und Boden in wenigen Händen

それは、資本と土地が少数の手に集中していることを証明した

sie bewies, wie Überproduktion zu Bourgeoisie-Krisen führt

それは、過剰生産がいかにブルジョアジーの危機につながるかを証明した

sie wies auf den unvermeidlichen Ruin des Kleinbourgeoisie' und der Bauern hin

それは、小ブルジョアジーと農民の必然的な破滅を指摘した

das Elend des Proletariats, die Anarchie in der Produktion, die schreiende Ungleichheit in der Verteilung des Reichtums

プロレタリアートの悲惨さ、生産の無政府状態、富の分配における泣き叫ぶような不平等

Er zeigte, wie das Produktionssystem den industriellen Vernichtungskrieg zwischen den Nationen führt

それは、生産システムが国家間の絶滅という産業戦争をどのようにリードしているかを示しました

die Auflösung der alten sittlichen Bande, der alten Familienverhältnisse, der alten Nationalitäten

古い道徳的絆、古い家族関係、古い民族の解体

In ihren positiven Zielen strebt diese Form des Sozialismus jedoch eines von zwei Dingen an

しかし、この形態の社会主義は、その肯定的な目的において、次の2つのことのうちの1つを達成することを熱望している

Entweder zielt sie darauf ab, die alten Produktions- und Tauschmittel wiederherzustellen

それは、古い生産手段と交換手段の復活を目指すかのどちらかである

und mit den alten Produktionsmitteln würde sie die alten Eigentumsverhältnisse und die alte Gesellschaft wiederherstellen

そして、古い生産手段によって、古い所有関係と古い社会を回復させるだろう

oder sie zielt darauf ab, die modernen Produktions- und Austauschmittel in den alten Rahmen der Eigentumsverhältnisse zu zwängen

あるいは、近代的な生産手段と交換手段を、所有関係の古い枠組みに押し込めることをめざしている

In beiden Fällen ist es sowohl reaktionär als auch utopisch

いずれにせよ、それは反動的であり、ユートピア的である

Seine letzten Worte lauten: Korporativzünfte für die Manufaktur, patriarchalische Verhältnisse in der Landwirtschaft

その最後の言葉は、製造のための企業ギルド、農業における家父長制の関係です

Schließlich, als hartnäckige historische Tatsachen alle berauschenden Wirkungen der Selbsttäuschung zerstreut hatten,

究極的には、頑固な歴史的事実が自己欺瞞の陶酔効果をすべて分散させたとき

diese Form des Sozialismus endete in einem elenden Anfall von Mitleid

この形態の社会主義は、惨めな哀れみの発作に終わった

c) Deutscher oder "wahrer" Sozialismus
c) ドイツ、または「真の」社会主義

Die sozialistische und kommunistische Literatur
Frankreichs entstand unter dem Druck einer herrschenden
Bourgeoisie
フランスの社会主義と共産主義の文学は、権力を握った
ブルジョアジーの圧力の下で生まれた
Und diese Literatur war der Ausdruck des Kampfes gegen
diese Macht
そして、この文学は、この権力に対する闘争の表現であ
った
sie wurde in Deutschland zu einer Zeit eingeführt, als die
Bourgeoisie gerade ihren Kampf mit dem feudalen
Absolutismus begonnen hatte
それは、ブルジョアジーが封建的絶対主義との競争を始
めたばかりの時期にドイツに導入されました
Deutsche Philosophen, Möchtegern-Philosophen und Beaux
Esprits griffen begierig zu dieser Literatur
ドイツの哲学者、哲学者志望者、そして美女のエスプリ
は、この文献を熱心につかみました
aber sie vergaßen, daß die Schriften aus Frankreich nach
Deutschland einwanderten, ohne die französischen
Gesellschaftsverhältnisse mitzubringen
しかし、彼らは、この著作がフランスの社会状況をもた
らすことなく、フランスからドイツに移住したことを忘
れていた
Im Kontakt mit den deutschen gesellschaftlichen
Verhältnissen verlor diese französische Literatur ihre
unmittelbare praktische Bedeutung
ドイツの社会状況と接触するうちに、このフランス文学
は直接的な実践的意義を失った
und die kommunistische Literatur Frankreichs nahm in
deutschen akademischen Kreisen einen rein literarischen
Aspekt an

フランスの共産主義文学は、ドイツの学界では純粋に文学的な側面を帯びていた

So waren die Forderungen der ersten Französischen Revolution nichts anderes als die Forderungen der "praktischen Vernunft"

したがって、第一次フランス革命の要求は「実践理性」の要求にすぎなかった

und die Willensäußerung der revolutionären französischen Bourgeoisie bedeutete in ihren Augen das Gesetz des reinen Willens

そして、革命的なフランス・ブルジョアジーの意志の発声は、彼らの目には純粋な意志の法則を意味していた

es bedeutete den Willen, wie er sein mußte; des wahren menschlichen Willens überhaupt

それは、あるべき意志を意味していた。真の人間の意志一般の

Die Welt der deutschen Literaten bestand einzig und allein darin, die neuen französischen Ideen mit ihrem alten philosophischen Gewissen in Einklang zu bringen

ドイツの文学者の世界は、もっぱら新しいフランスの思想を彼らの古代の哲学的良心と調和させることにあった

oder vielmehr, sie annektierten die französischen Ideen, ohne ihren eigenen philosophischen Standpunkt aufzugeben

というか、彼らは自らの哲学的観点を捨てることなく、フランスの思想を併合した

Diese Annexion vollzog sich auf die gleiche Weise, wie man sich eine Fremdsprache aneignet, nämlich durch Übersetzung

この併合は、外国語が流用されるのと同じ方法、つまり翻訳によって行われました

Es ist bekannt, wie die Mönche alberne Leben katholischer Heiliger über Manuskripte schrieben

修道士たちがカトリックの聖人の愚かな人生を写本の上に書いたことはよく知られています

die Manuskripte, auf denen die klassischen Werke des
antiken Heidentums geschrieben waren
古代異教徒の古典作品が書かれた写本
Die deutschen Literaten kehrten diesen Prozess mit der
profanen französischen Literatur um
ドイツの文学者は、この過程を冒涜的なフランス文学で
逆転させた
Sie schrieben ihren philosophischen Unsinn unter das
französische Original
彼らはフランス語の原文の下に哲学的なナンセンスを書
いた
Zum Beispiel schrieben sie unter der französischen Kritik an
den ökonomischen Funktionen des Geldes "Entfremdung
der Menschheit"
例えば、貨幣の経済的機能に対するフランスの批判の下
に、彼らは「人類の疎外」を書いた
unter die französische Kritik am Bourgeoisie Staat schrieben
sie "Entthronung der Kategorie des Generals"
ブルジョアジー国家に対するフランスの批判の下に、彼
らは「将軍のカテゴリーの退位」を書いた
Die Einführung dieser philosophischen Phrasen hinter der
französischen Geschichtskritik nannten sie:
これらの哲学的フレーズの導入は、彼らがダビングした
フランスの歴史批評の背後にあります。
"Philosophie des Handelns", "Wahrer Sozialismus",
"Deutsche Sozialismuswissenschaft", "Philosophische
Grundlagen des Sozialismus" und so weiter
「行動の哲学」「真の社会主義」「ドイツ社会主義の科
学」「社会主義の哲学的基礎」など
Die französische sozialistische und kommunistische
Literatur wurde damit völlig entmannt
こうして、フランスの社会主義と共産主義の文学は完全
に去勢された
in den Händen der deutschen Philosophen hörte sie auf, den
Kampf der einen Klasse mit der anderen auszudrücken

ドイツの哲学者の手によって、それはある階級と他の階級との闘争を表現することをやめた

und so fühlten sich die deutschen Philosophen bewußt, die "französische Einseitigkeit" überwunden zu haben

こうして、ドイツの哲学者たちは「フランスの一面性」を克服したことを意識したのである

Sie musste keine wahren Forderungen repräsentieren, sondern sie repräsentierte Forderungen der Wahrheit

それは真の要求を表す必要はなく、むしろ真理の要求を表していたのです

es gab kein Interesse am Proletariat, sondern an der menschlichen Natur

プロレタリアートには関心がなく、むしろ人間性に関心があった

das Interesse galt dem Menschen überhaupt, der keiner Klasse angehört und keine Wirklichkeit hat

その関心は、いかなる階級にも属さず、実在性をもたない人間一般に向けられていた

ein Mann, der nur im nebligen Reich der philosophischen Fantasie existiert

哲学的幻想の霧の領域にしか存在しない男

aber schließlich verlor auch dieser deutsche Schulsozialismus seine pedantische Unschuld

しかし、やがてこの小学生ドイツ社会主義もまた、その衒学的な無邪気さを失った

die deutsche Bourgeoisie und besonders die preußische Bourgeoisie kämpfte gegen die feudale Aristokratie

ドイツのブルジョアジー、特にプロイセンのブルジョアジーは封建貴族と戦った

auch die absolute Monarchie Deutschlands und Preußens wurde bekämpft

ドイツとプロイセンの絶対君主制もまた、

Und im Gegenzug wurde auch die Literatur der liberalen Bewegung ernster

そして、リベラルな運動の文学もより真剣になっていった

Deutschlands lang ersehnte Chance auf einen "wahren" Sozialismus wurde geboten

ドイツが長い間望んでいた「真の」社会主義の機会がもたらされた

die Möglichkeit, die politische Bewegung mit den sozialistischen Forderungen zu konfrontieren

社会主義の要求と政治運動に立ち向かう機会

die Gelegenheit, die traditionellen Bannsprüche gegen den Liberalismus zu schleudern

リベラリズムに対する伝統的な忌み嫌われる機会

die Möglichkeit, die repräsentative Regierung und die Bourgeoisie Konkurrenz anzugreifen

代議制政府とブルジョアジーの競争を攻撃する機会

Pressefreiheit der Bourgeoisie, Bourgeoisie Gesetzgebung, Bourgeoisie Freiheit und Gleichheit

ブルジョアジーの報道の自由、ブルジョアジーの立法、ブルジョアジーの自由と平等

All dies könnte nun in der realen Welt kritisiert werden, anstatt in der Fantasie

これらはすべて、ファンタジーではなく、現実の世界で批評できるようになりました

Feudalaristokratie und absolute Monarchie hatten den Massen lange gepredigt

封建貴族と絶対君主制は長い間大衆に説教していた

"Der Arbeiter hat nichts zu verlieren und er hat alles zu gewinnen"

「労働者は失うものは何もなく、得るものはすべて持っている」

auch die Bourgeoisie bewegung bot eine Chance, sich mit diesen Plattitüden auseinanderzusetzen

ブルジョアジー運動もまた、こうした決まり文句に立ち向かう機会を与えた

die französische Kritik setzte die Existenz der modernen Bourgeoisie Gesellschaft voraus

フランス批判は、近代ブルジョアジー社会の存在を前提としていた

Bourgeoisie, ökonomische Existenzbedingungen und Bourgeoisie politische Verfassung

ブルジョアジーの存在条件とブルジョアジーの政治体質

gerade die Dinge, deren Errungenschaft Gegenstand des in Deutschland anstehenden Kampfes war

その達成がドイツにおける差し迫った闘争の対象であったまさにその事柄

Deutschlands albernes Echo des Sozialismus hat diese Ziele gerade noch rechtzeitig aufgegeben

ドイツの社会主義の愚かな反響は、これらの目標を間一髪で放棄した

Die absoluten Regierungen hatten ihre Gefolgschaft aus Pfarrern, Professoren, Landjunkern und Beamten

絶対政府には、牧師、教授、田舎の大地主、役人がいました

die damalige Regierung begegnete den deutschen Arbeiteraufständen mit Auspeitschungen und Kugeln

当時の政府は、ドイツの労働者階級の蜂起に鞭打ちと銃弾で立ち向かった

ihnen diente dieser Sozialismus als willkommene Vogelscheuche gegen die drohende Bourgeoisie

彼らにとって、この社会主義は、ブルジョアジーの脅威に対する歓迎すべきかかしとして機能した

und die deutsche Regierung konnte nach den bitteren Pillen, die sie austeilte, ein süßes Dessert anbieten

そして、ドイツ政府は、苦い薬を配った後、甘いデザートを提供することができました

dieser "wahre" Sozialismus diente also den Regierungen als Waffe im Kampf gegen die deutsche Bourgeoisie

この「真の」社会主義は、こうして、ドイツ・ブルジョアジーと戦うための武器として、政府に役立ったのである

und gleichzeitig repräsentierte sie direkt ein reaktionäres Interesse; die der deutschen Philister

そして同時に、それは直接的に反動的な利害を代表していた。ドイツ・ペリシテ人のそれ

In Deutschland ist das Kleinbourgeoisie die wirkliche gesellschaftliche Grundlage des bestehenden Zustandes

ドイツでは、小ブルジョア階級が現存する諸事態の真の社会的基盤である

Ein Relikt des sechzehnten Jahrhunderts, das immer wieder in verschiedenen Formen auftaucht

16世紀の遺物は、さまざまな形で絶えず出現しています

Diese Klasse zu bewahren bedeutet, den bestehenden Zustand in Deutschland zu bewahren

この階級を維持することは、ドイツの現状を維持することである

Die industrielle und politische Vorherrschaft der Bourgeoisie bedroht das KleinBourgeoisie mit der sicheren Vernichtung

ブルジョアジーの産業的・政治的優越性は、小ブルジョアジーを一定の破壊で脅かす

auf der einen Seite droht sie das Kleinbourgeoisiedurch die Konzentration des Kapitals zu vernichten

一方では、資本の集中によって小ブルジョアジーを破壊する恐れがある

auf der anderen Seite droht die Bourgeoisie, sie durch den Aufstieg eines revolutionären Proletariats zu zerstören

他方、ブルジョアジーは、革命的プロレタリアートの勃興によって、ブルジョアジーを破壊すると脅す

Der "wahre" Sozialismus schien diese beiden Fliegen mit einer Klappe zu schlagen. Es breitete sich wie eine Epidemie aus

「真の」社会主義は、この二羽の鳥を一石二鳥に仕留めるように見えた。伝染病のように広がった

Das Gewand spekulativer Spinnweben, bestickt mit Blumen der Rhetorik, durchtränkt vom Tau kränklicher Gefühle

レトリックの花が刺繍された思索的な蜘蛛の巣のローブ
は、病的な感傷の露に染まっていた

dieses transzendentale Gewand, in das die deutschen
Sozialisten ihre traurigen "ewigen Wahrheiten" hüllten

ドイツ社会主義者が哀れな「永遠の真理」を包んだこの
超越的なローブ

alle Haut und Knochen, dienten dazu, den Absatz ihrer
Waren bei einem solchen Publikum wunderbar zu
vermehren.

すべての皮と骨は、そのような公衆の間で彼らの商品の
売り上げを素晴らしく増やすのに役立ちました

Und der deutsche Sozialismus seinerseits erkannte mehr
und mehr seine eigene Berufung

そして、ドイツ社会主義は、自らの使命をますます認識
していった

sie war berufen, die bombastische Vertreterin des
Kleinbourgeoisie Philisters zu sein

それは、小ブルジョアジーのペリシテ人の大げさな代表
として召された

Sie proklamierte die deutsche Nation als Musternation und
den deutschen Kleinphilister als Mustermann

それは、ドイツ国民を模範国家とし、ドイツの小ペリシ
テ人を模範とすると宣言した

Jeder schurkischen Gemeinheit dieses Mustermenschen gab
sie eine verborgene, höhere, sozialistische Deutung

この模範的な男のあらゆる極悪非道な卑劣さに、それは
隠された、より高い、社会主義的な解釈を与えた

diese höhere, sozialistische Deutung war das genaue
Gegenteil ihres wirklichen Charakters

このより高尚な社会主義的解釈は、その真の性格とは正
反対であった

Sie ging so weit, sich der "brutal destruktiven" Tendenz des
Kommunismus direkt entgegenzustellen

それは、共産主義の「残忍な破壊的」傾向に真っ向から
反対するという極端な長さにまで踏み込んだ

und sie proklamierte ihre höchste und unparteiische
Verachtung aller Klassenkämpfe
そして、すべての階級闘争に対する最高かつ公平な軽蔑
を宣言した
Mit sehr wenigen Ausnahmen gehören alle sogenannten
sozialistischen und kommunistischen Publikationen, die
jetzt (1847) in Deutschland zirkulieren, in den Bereich dieser
üblen und entnervenden Literatur
ごく少数の例外を除いて、現在(1847年)ドイツで流通し
ているすべてのいわゆる社会主義および共産主義の出版
物は、この汚らわしく活力に満ちた文学の領域に属して
います

2) Konservativer Sozialismus oder bürgerlicher Sozialismus
2) 保守社会主義、あるいはブルジョアジー社会主義

Ein Teil der Bourgeoisie will soziale Missstände beseitigen
ブルジョアジーの一部は、社会的不満を是正することを
望んでいる
um den Fortbestand der Bourgeoisie Gesellschaft zu sichern
ブルジョアジー社会の存続を保障するために
Zu dieser Sektion gehören Ökonomen, Philanthropen,
Menschenfreunde
このセクションには、経済学者、慈善家、人道主義者が
属しています
Verbesserer der Lage der Arbeiterklasse und Organisatoren
der Wohltätigkeit
労働者階級の状態の改善者と慈善活動の組織者
Mitglieder von Gesellschaften zur Verhütung von
Tierquälerei
動物虐待防止協会会員
Mäßigkeitsfanatiker, Loch-und-Ecken-Reformer aller
erdenklichen Art
禁酒狂信者、ありとあらゆる種類の穴と角の改革者
Diese Form des Sozialismus ist überdies zu vollständigen
Systemen ausgearbeitet worden
さらに、この形態の社会主義は、完全なシステムとして
作り上げられた
Als Beispiel für diese Form sei Proudhons "Philosophie de
la Misère" angeführt
プルードンの「ミゼール哲学」をその例として挙げてみ
ましょう
Die sozialistische Bourgeoisie will alle Vorteile der
modernen gesellschaftlichen Verhältnisse
社会主義ブルジョアジーは、近代的社会条件のあらゆる
利点を欲しがっている
aber die sozialistische Bourgeoisie will nicht unbedingt die
daraus resultierenden Kämpfe und Gefahren

しかし、社会主義ブルジョアジーは、必ずしも結果として生じる闘争と危険を望んでいるわけではない

Sie wollen den bestehenden Zustand der Gesellschaft, abzüglich ihrer revolutionären und zerfallenden Elemente

彼らは、革命的・崩壊的要素を差し引いた、現存する社会状態を望んでいる

mit anderen Worten, sie wünschen sich eine Bourgeoisie ohne Proletariat

言い換えれば、彼らはプロレタリアートのいないブルジョアジーを望んでいるのである

Die Bourgeoisie begreift natürlich die Welt, in der sie die höchste ist, die Beste zu sein

ブルジョアジーは、自分が最高である世界を自然に思い描く

und der Bourgeoisie Sozialismus entwickelt diese bequeme Auffassung zu verschiedenen mehr oder weniger vollständigen Systemen

そして、ブルジョアジー社会主義は、この快適な概念を、多かれ少なかれ完全なさまざまな体系に発展させる

sie wünschen sich sehr, dass das Proletariat geradewegs in das soziale Neue Jerusalem marschiert

かれらは、プロレタリアートが社会的新エルサレムにまっすぐに行進することを強く望んでいる

Aber in Wirklichkeit verlangt sie, dass das Proletariat innerhalb der Grenzen der bestehenden Gesellschaft bleibt

しかし、現実には、プロレタリアートが既存の社会の枠内にとどまることを要求する

sie fordern das Proletariat auf, alle seine hasserfüllten Ideen über die Bourgeoisie abzulegen

かれらは、プロレタリアートに、ブルジョアジーに関するすべての憎悪に満ちた考えを捨て去るよう求めている

es gibt eine zweite, praktischere, aber weniger systematische Form dieses Sozialismus

この社会主義には、より実際的ではあるが、あまり体系的ではない第二の形態がある

Diese Form des Sozialismus versuchte, jede revolutionäre
Bewegung in den Augen der Arbeiterklasse abzuwerten
この形態の社会主義は、労働者階級の目から見て、あら
ゆる革命運動を貶めようとした

Sie argumentieren, dass keine bloße politische Reform für
sie von Vorteil sein könnte
彼らは、単なる政治改革は彼らにとって何の利益にもな
らないと主張する

nur eine Veränderung der materiellen Existenzbedingungen
in den wirtschaftlichen Beziehungen ist von Nutzen
経済関係における物質的存在条件の変化だけが有益であ
る

Wie der Kommunismus tritt auch diese Form des
Sozialismus für eine Veränderung der materiellen
Existenzbedingungen ein
共産主義のように、この形態の社会主義は、存在の物質
的条件の変化を提唱しています

Diese Form des Sozialismus bedeutet jedoch keineswegs,
dass die Bourgeoisie Produktionsverhältnisse abgeschafft
werden
しかし、この社会主義の形態は、決してブルジョアジー
的生産関係の廃止を示唆するものではない

die Abschaffung der Bourgeoisie Produktionsverhältnisse
kann nur durch eine Revolution erreicht werden
ブルジョアジー的生産関係の廃止は、革命によってのみ
達成されうる

Doch statt einer Revolution schlägt diese Form des
Sozialismus Verwaltungsreformen vor
しかし、この形態の社会主義は、革命ではなく、行政改
革を示唆している

und diese Verwaltungsreformen würden auf dem
Fortbestand dieser Beziehungen beruhen
そして、これらの行政改革は、これらの関係の存続を基
礎としている

Reformen, die in keiner Weise die Beziehungen zwischen
Kapital und Arbeit berühren

したがって、資本と労働の関係にいかなる点においても影響を与えない改革

im besten Fall verringern solche Reformen die Kosten und vereinfachen die Verwaltungsarbeit der Bourgeoisie Regierung

せいぜい、そのような改革は、ブルジョアジー政府の費用を軽減し、行政業務を単純化するにすぎない

Der Bourgeoisie Sozialismus kommt dann und nur dann adäquat zum Ausdruck, wenn er zur bloßen Redewendung wird

ブルジョア社会主義は、それが単なる言論の形象になったときにのみ、適切な表現を獲得する

Freihandel: zum Wohle der Arbeiterklasse

自由貿易:労働者階級の利益のために

Schutzpflichten: zum Wohle der Arbeiterklasse

保護義務:労働者階級の利益のために

Gefängnisreform: zum Wohle der Arbeiterklasse

刑務所改革:労働者階級の利益のために

Das ist das letzte Wort und das einzig ernst gemeinte Wort des Bourgeoisie Sozialismus

これはブルジョアジー社会主義の最後の言葉であり、唯一の真剣に意味された言葉である

Sie ist in dem Satz zusammengefasst: Die Bourgeoisie ist eine Bourgeoisie zum Wohle der Arbeiterklasse

それは、「ブルジョアジーは労働者階級の利益のためのブルジョアジーである」という言葉に要約されている

3) Kritisch-utopischer Sozialismus und Kommunismus
3) 批判的ユートピア社会主義と共産主義

Wir beziehen uns hier nicht auf jene Literatur, die den Forderungen des Proletariats immer eine Stimme gegeben hat
われわれはここで、つねにプロレタリアートの要求に声をあげてきた文学に言及しているのではない

dies war in jeder großen modernen Revolution vorhanden, wie z. B. in den Schriften von Babeuf und anderen
これは、バブーフや他の人々の著作など、すべての偉大な近代革命に存在してきました

Die ersten unmittelbaren Versuche des Proletariats, seine eigenen Ziele zu erreichen, scheiterten notwendigerweise
プロレタリアートが自らの目的を達成しようとする最初の直接の試みは、必然的に失敗した

Diese Versuche wurden in Zeiten allgemeiner Aufregung unternommen, als die feudale Gesellschaft gestürzt wurde
これらの試みは、封建社会が打倒されつつあった普遍的な興奮の時代に行われました

Der damals noch unterentwickelte Zustand des Proletariats führte zum Scheitern dieser Versuche
当時のプロレタリアートの未発達な状態は、これらの試みの失敗につながった

und sie scheiterten am Fehlen der wirtschaftlichen Voraussetzungen für ihre Emanzipation
そして、彼らは、その解放のための経済的条件がなかったため、失敗した

Bedingungen, die erst noch geschaffen werden mussten und die durch die bevorstehende Epoche der Bourgeoisie allein hervorgebracht werden konnten
まだ生み出されていなかった諸条件、そして差し迫ったブルジョアジー時代によってのみ生み出されうる諸条件

Die revolutionäre Literatur, die diese ersten Bewegungen des Proletariats begleitete, hatte notwendigerweise einen reaktionären Charakter

プロレタリアートのこれらの最初の運動に付随した革命的文学は、必然的に反動的な性格を持っていた

Diese Literatur schärfte universelle Askese und soziale Nivellierung in ihrer gröbsten Form ein

この文学は、普遍的な禁欲主義と社会的平準化を最も粗雑な形で教え込んだ

Die sozialistischen und kommunistischen Systeme, die man eigentlich so nennt, entstehen in der frühen unentwickelten Periode

社会主義と共産主義の制度は、正しくはそう呼ばれているが、未発達の初期に出現した

Saint-Simon, Fourier, Owen und andere beschrieben den Kampf zwischen Proletariat und Bourgeoisie (siehe Abschnitt 1)

サン・シモン、フーリエ、オーウェンらは、プロレタリアートとブルジョアジーの闘争を描いた(第1節参照)

Die Begründer dieser Systeme sehen in der Tat die Klassengegensätze

これらの制度の創始者たちは、実に階級対立を見ている

Sie sehen auch das Wirken der sich zersetzenden Elemente in der herrschenden Gesellschaftsform

彼らはまた、社会の支配的な形態において、分解する要素の作用を見ます

Aber das Proletariat, das noch in den Kinderschuhen steckt, bietet ihnen das Schauspiel einer Klasse ohne jede historische Initiative

しかし、プロレタリアートは、まだその初期段階にあり、彼らに、いかなる歴史的主導権も持たない階級の見世物を提供している

Sie sehen das Schauspiel einer sozialen Klasse ohne unabhängige politische Bewegung

彼らは、独立した政治運動のない社会階級の光景を見ている

Die Entwicklung des Klassengegensatzes hält mit der Entwicklung der Industrie Schritt

階級対立の発展は、産業の発展と歩調を合わせている

Die ökonomische Lage bietet ihnen also noch nicht die materiellen Bedingungen für die Befreiung des Proletariats

したがって、経済状況は、プロレタリアートの解放のための物質的条件をまだ彼らに提供していない

Sie suchen also nach einer neuen Sozialwissenschaft, nach neuen sozialen Gesetzen, die diese Bedingungen schaffen sollen

それゆえ、彼らは、これらの条件をつくりだす新しい社会科学、新しい社会法則を追い求める

historisches Handeln besteht darin, sich ihrem persönlichen erfinderischen Handeln zu beugen

歴史的行為は、彼らの個人的な創意工夫の行動に屈服することである

Historisch geschaffene Emanzipationsbedingungen sollen phantastischen Verhältnissen weichen

歴史的に作り出された解放の条件は、幻想的な条件に屈服することである

und die allmähliche, spontane Klassenorganisation des Proletariats soll der Organisation der Gesellschaft weichen

そして、プロレタリアートの漸進的で自発的な階級組織は、社会の組織に屈服することである

die Organisation der Gesellschaft, die von diesen Erfindern eigens ersonnen wurde

これらの発明者によって特別に考案された社会の組織

Die zukünftige Geschichte löst sich in ihren Augen in die Propaganda und die praktische Durchführung ihrer sozialen Pläne auf

未来の歴史は、彼らの目には、プロパガンダと彼らの社会計画の実際的な実行に解決される

Bei der Ausarbeitung ihrer Pläne sind sie sich bewußt, daß sie sich in erster Linie um die Interessen der Arbeiterklasse kümmern

かれらは、かれらの計画の形成において、主として労働者階級の利益を気遣うことを意識している

Nur unter dem Gesichtspunkt, die leidendste Klasse zu sein, existiert das Proletariat für sie

プロレタリアートは、最も苦しむ階級であるという観点からのみ、彼らのために存在するのである

Der unentwickelte Zustand des Klassenkampfes und ihre eigene Umgebung prägen ihre Meinungen

階級闘争の未発達な状態と彼ら自身の環境は、彼らの意見を知らせます

Sozialisten dieser Art halten sich allen Klassengegensätzen weit überlegen

この種の社会主義者は、自分たちがあらゆる階級対立よりはるかに優れていると考えている

Sie wollen die Lage jedes Mitglieds der Gesellschaft verbessern, auch die der Begünstigten

彼らは、社会のあらゆる構成員の状態を改善したいと願っています

Daher appellieren sie gewöhnlich an die Gesellschaft als Ganzes, ohne Unterschied der Klasse

それゆえ、彼らは階級の区別なく、社会全体にアピールする習慣があるのです

Ja, sie appellieren an die Gesellschaft als Ganzes, indem sie die herrschende Klasse bevorzugen

いや、彼らは支配階級を優先することで、社会全体にアピールしている

Für sie ist alles, was es braucht, dass andere ihr System verstehen

彼らにとって必要なのは、他の人が彼らのシステムを理解することだけです

Denn wie können die Menschen nicht erkennen, dass der bestmögliche Plan für den bestmöglichen Zustand der Gesellschaft ist?

なぜなら、可能な限り最善の計画が、社会の可能な限り最良の状態のためのものであることを、どうして人々が見落とすことができるのでしょうか?

Daher lehnen sie jede politische und vor allem jede revolutionäre Aktion ab

それゆえ、彼らはすべての政治的行動、特にすべての革命的行動を拒絶する

Sie wollen ihre Ziele mit friedlichen Mitteln erreichen

彼らは平和的な手段によって目的を達成することを望んでいます

Sie bemühen sich durch kleine Experimente, die notwendigerweise zum Scheitern verurteilt sind

彼らは、必然的に失敗する運命にある小さな実験によって努力します

und durch die Kraft des Beispiels versuchen sie, den Weg für das neue soziale Evangelium zu ebnen

そして、模範の力によって、新しい社会的な福音への道を開こうとします

Welch phantastische Bilder von der zukünftigen Gesellschaft, gemalt in einer Zeit, in der sich das Proletariat noch in einem sehr unterentwickelten Zustand befindet

プロレタリアートがまだ非常に未発達な状態にある時代に描かれた、未来社会の幻想的な絵

und sie hat immer noch nur eine phantastische Vorstellung von ihrer eigenen Stellung

そして、それはまだ、それ自身の立場についての空想的な概念しか持っていません

aber ihre ersten instinktiven Sehnsüchte entsprechen den Sehnsüchten des Proletariats

しかし、彼らの最初の本能的な憧れは、プロレタリアートの憧れと一致している

Beide sehnen sich nach einem allgemeinen Umbau der Gesellschaft

両者とも社会の全般的な再建を切望している

Aber diese sozialistischen und kommunistischen Veröffentlichungen enthalten auch ein kritisches Element

しかし、これらの社会主義と共産主義の出版物には、重要な要素も含まれています

Sie greifen jedes Prinzip der bestehenden Gesellschaft an

彼らは既存の社会のあらゆる原則を攻撃します

Daher sind sie voll von den wertvollsten Materialien für die Aufklärung der Arbeiterklasse

それゆえ、それらは労働者階級の啓蒙のための最も貴重な資料に満ちている

Sie schlagen die Abschaffung der Unterscheidung zwischen Stadt und Land und der Familie vor

彼らは、町と田舎、家族の区別の廃止を提案しています

die Abschaffung des Gewerbetreibens für Rechnung von Privatpersonen

私人による産業の営養の廃止

und die Abschaffung des Lohnsystems und die Proklamation des sozialen Friedens

賃金制度の廃止と社会的調和の宣言

die Verwandlung der Funktionen des Staates in eine bloße Aufsicht über die Produktion

国家の機能を単なる生産監督者に転用すること

Alle diese Vorschläge deuten einzig und allein auf das Verschwinden der Klassengegensätze hin

これらすべての提案は、階級対立の消滅のみを指し示している

Klassengegensätze waren damals gerade erst im Entstehen begriffen

当時、階級対立は始まったばかりでした

In diesen Veröffentlichungen werden diese Klassengegensätze nur in ihren frühesten, undeutlichen und unbestimmten Formen anerkannt

これらの出版物では、これらの階級対立は、最も初期の、不明瞭で、未定義の形でのみ認識されている

Diese Vorschläge haben also rein utopischen Charakter

したがって、これらの提案は純粋にユートピア的な性格のものです

Die Bedeutung des kritisch-utopischen Sozialismus und des Kommunismus steht in einem umgekehrten Verhältnis zur historischen Entwicklung

批判的ユートピア的社会主義と共産主義の意義は、歴史的発展と反比例する

Der moderne Klassenkampf wird sich entwickeln und weiter konkrete Gestalt annehmen

現代の階級闘争は発展し、一定の形をとり続けるであろう

Dieses fantastische Ansehen des Wettbewerbs wird jeden praktischen Wert verlieren

コンテストでのこの素晴らしい地位は、すべての実用的な価値を失います

Diese phantastischen Angriffe auf die Klassengegensätze verlieren jede theoretische Rechtfertigung

階級対立に対するこれらの幻想的な攻撃は、あらゆる理論的正当性を失うだろう

Die Urheber dieser Systeme waren in vielerlei Hinsicht revolutionär

これらのシステムの創始者は、多くの点で革命的でした

Aber ihre Jünger haben in jedem Fall bloße reaktionäre Sekten gebildet

しかし、彼らの弟子たちは、いずれの場合も、単なる反動的な宗派を形成してきた

Sie halten an den ursprünglichen Ansichten ihrer Meister fest

彼らは主人の元の見解をしっかりと保持しています

Aber diese Anschauungen stehen im Gegensatz zur fortschreitenden geschichtlichen Entwicklung des Proletariats

しかし、これらの見解は、プロレタリアートの進歩的な歴史的発展に反対するものである

Sie bemühen sich daher, und zwar konsequent, den Klassenkampf abzustumpfen

それゆえ、彼らは階級闘争を鎮めようと努力し、それを一貫して行っている

Und sie bemühen sich konsequent, die Klassengegensätze zu versöhnen

そして、かれらは、一貫して階級対立を和解させようと
努力する

Noch träumen sie von der experimentellen Umsetzung ihrer
gesellschaftlichen Utopien

彼らはいまだに、自分たちの社会的なユートピアの実験
的な実現を夢見ている

sie träumen immer noch davon, isolierte "Phalanster" zu
gründen und "Heimatkolonien" zu gründen

彼らはいまだに孤立した「ファランステル」を創設し、
「ホームコロニー」を設立することを夢見ている

sie träumen davon, eine "Kleine Ikaria" zu errichten –
Duodecimo-Ausgaben des Neuen Jerusalem

彼らは「リトル・イカリア」、つまり新しいエルサレム
の十二階版を建てることを夢見ています

Und sie träumen davon, all diese Luftschlösser zu
verwirklichen

そして、彼らは空中にあるこれらすべての城を実現する
ことを夢見ています

Sie sind gezwungen, an die Gefühle und den Geldbeutel der
Bourgeoisie zu appellieren

彼らはブルジョアジーの感情と財布に訴えることを余儀
なくされている

Nach und nach sinken sie in die Kategorie der oben
dargestellten reaktionären konservativen Sozialisten

程度によって、彼らは上に描かれた反動的な保守社会主
義者の範疇に沈む

sie unterscheiden sich von diesen nur durch systematischere
Pedanterie

それらは、より体系的な衒学によってのみこれらと異な
ります

und sie unterscheiden sich durch ihren fanatischen und
abergläubischen Glauben an die Wunderwirkungen ihrer
Sozialwissenschaft

そして、彼らは、社会科学の奇跡的な効果に対する狂信
的で迷信的な信念によって異なる

Sie widersetzen sich daher gewaltsam jeder politischen
Aktion der Arbeiterklasse
それゆえ、彼らは労働者階級の側のあらゆる政治的行動
に激しく反対する
ein solches Handeln kann ihrer Meinung nach nur aus
blindem Unglauben an das neue Evangelium resultieren
彼らによれば、そのような行動は、新しい福音に対する
盲目的な不信仰からしか生じ得ません
Die Owenisten in England und die Fourieristen in
Frankreich stehen den Chartisten und den "Réformisten"
entgegen
イギリスのオーウェン派とフランスのフーリエ主義者は
、それぞれチャーティストと「レフォルミスト」に反対
している

Stellung der Kommunisten zu den verschiedenen bestehenden Oppositionsparteien
既存の様々な反対政党に対する共産主義者の立場

Abschnitt II hat die Beziehungen der Kommunisten zu den bestehenden Arbeiterparteien deutlich gemacht
第2節は、共産主義者と既存の労働者階級の諸政党との関係を明らかにした

wie die Chartisten in England und die Agrarreformer in Amerika
イギリスのチャーティストやアメリカの農地改革者など

Die Kommunisten kämpfen für die Erreichung der unmittelbaren Ziele
共産党員は当面の目標達成のために闘う

Sie kämpfen für die Durchsetzung der momentanen Interessen der Arbeiterklasse
彼らは労働者階級の一時的な利益の執行のために闘う

Aber in der politischen Bewegung der Gegenwart repräsentieren und kümmern sie sich auch um die Zukunft dieser Bewegung
しかし、現在の政治運動において、彼らはまた、その運動の将来を代表し、世話をします

In Frankreich verbünden sich die Kommunisten mit den Sozialdemokraten
フランスでは、共産主義者は社会民主党と同盟を結んでいる

und sie positionieren sich gegen die konservative und radikale Bourgeoisie
そして、彼らは保守的で急進的なブルジョアジーに対抗する立場をとっています

sie behalten sich jedoch das Recht vor, eine kritische Position gegenüber Phrasen und Illusionen einzunehmen, die traditionell aus der großen Revolution überliefert sind

しかし、彼らは、大革命から伝統的に受け継がれてきた言葉や幻想に関して、批判的な立場をとる権利を留保する

In der Schweiz unterstützt man die Radikalen, ohne dabei aus den Augen zu verlieren, dass diese Partei aus antagonistischen Elementen besteht

スイスでは、彼らは急進派を支持しているが、この党が敵対的な要素で構成されているという事実を見失うことはない

teils von demokratischen Sozialisten im französischen Sinne, teils von radikaler Bourgeoisie

一部は民主社会主義者、フランス的な意味では、一部は急進的ブルジョアジー

In Polen unterstützen sie die Partei, die auf einer Agrarrevolution als Hauptbedingung für die nationale Emanzipation beharrt

ポーランドでは、民族解放の第一条件として農業革命を主張する政党を支持している

jene Partei, die 1846 den Krakauer Aufstand angezettelt hatte

1846年にクラクフの反乱を扇動した党

In Deutschland kämpft man mit der Bourgeoisie, wenn sie revolutionär handelt

ドイツでは、ブルジョアジーが革命的なやり方で行動するたびに、ブルジョアジーと闘う

gegen die absolute Monarchie, das feudale Eichhörnchen und das Kleinbourgeoisie

絶対君主制、封建的従者制、小ブルジョアジーに対して

Aber sie hören nicht auf, der Arbeiterklasse auch nur einen Augenblick lang eine bestimmte Idee einzuflößen

しかし、彼らは一瞬たりとも、労働者階級に特定の考えを植え付けることをやめない

die klarste Erkenntnis des feindlichen Antagonismus zwischen Bourgeoisie und Proletariat

ブルジョアジーとプロレタリアートの敵対関係を可能な限り明確に認識すること

damit die deutschen Arbeiter sofort von den ihnen zur Verfügung stehenden Waffen Gebrauch machen können

そうすれば、ドイツ人労働者は、すぐに武器を使えるようになる

die sozialen und politischen Bedingungen, die die Bourgeoisie mit ihrer Herrschaft notwendigerweise einführen muss

ブルジョアジーがその優越性とともに必然的に導入しなければならない社会的および政治的条件

der Sturz der reaktionären Klassen in Deutschland ist unvermeidlich

ドイツにおける反動階級の没落は不可避である

und dann kann der Kampf gegen die Bourgeoisie selbst sofort beginnen

そうすれば、ブルジョアジーそのものに対する闘いが直ちに始まるかもしれない

Die Kommunisten richten ihre Aufmerksamkeit hauptsächlich auf Deutschland, weil dieses Land am Vorabend einer Bourgeoisie Revolution steht

共産主義者が主としてドイツに注意を向けるのは、ドイツがブルジョアジー革命の前夜にあるからである

eine Revolution, die unter den fortgeschritteneren Bedingungen der europäischen Zivilisation durchgeführt werden muss

ヨーロッパ文明のより進んだ条件の下で遂行されるに違いない革命

Und sie wird mit einem viel weiter entwickelten Proletariat durchgeführt werden

そして、それははるかに発達したプロレタリアートによって遂行されるに違いない

ein Proletariat, das weiter fortgeschritten war als das Englands im 17. und Frankreichs im 18. Jahrhundert

17世紀にはイギリス、18世紀にはフランスよりも進んだ
プロレタリアートがいた

und weil die Bourgeoisie Revolution in Deutschland nur das
Vorspiel zu einer unmittelbar folgenden proletarischen
Revolution sein wird

なぜなら、ドイツにおけるブルジョアジー革命は、その
直後のプロレタリア革命の序曲にすぎないからである

Kurz gesagt, die Kommunisten unterstützen überall jede
revolutionäre Bewegung gegen die bestehende soziale und
politische Ordnung der Dinge

要するに、共産主義者は、あらゆる場所で、既存の社会
的、政治的秩序に反対するあらゆる革命運動を支持して
いるのである

In all diesen Bewegungen rücken sie als Leitfrage die
Eigentumsfrage in den Vordergrund

これらすべての動きにおいて、彼らは、それぞれの主要
な問題として、財産の問題を前面に押し出します

unabhängig davon, wie hoch der Entwicklungsstand in
diesem Land zu diesem Zeitpunkt ist

当時のその国の発展の度合いがどうであれ

Schließlich setzen sie sich überall für die Vereinigung und
Zustimmung der demokratischen Parteien aller Länder ein

最後に、彼らはすべての国の民主政党の団結と合意のた
めにあらゆる場所で働いています

Die Kommunisten verschmähen es, ihre Ansichten und
Ziele zu verheimlichen

共産主義者は、自分たちの見解や目的を隠すことを軽蔑
する

Sie erklären offen, dass ihre Ziele nur durch den
gewaltsamen Umsturz aller bestehenden gesellschaftlichen
Verhältnisse erreicht werden können

彼らは、現存するすべての社会状況を強制的に打倒する
ことによってのみ、その目的を達成できると公然と宣言
している

Mögen die herrschenden Klassen vor einer
kommunistischen Revolution zittern
支配階級を共産主義革命に震え上がらせよう
Die Proletarier haben nichts zu verlieren als ihre Ketten
プロレタリア階級は、その鎖以外に失うものは何もない
Sie haben eine Welt zu gewinnen
彼らには勝つべき世界がある
ARBEITER ALLER LÄNDER, VEREINIGT EUCH!
すべての国の働く男性、団結せよ!

www.ingramcontent.com/pod-product-compliance
Lightning Source LLC
Chambersburg PA
CBHW011736020426
42333CB00024B/2922